카프카의 가족, 아버지의 집에서 낯선 자 되기

북튜브 가족특강 06

카프카와 가족, 아버지의 집에서 낯선 자 되기

발행일 초판1쇄 2021년 1월 8일 | **지은이** 오선민
펴낸곳 북튜브 | **펴낸이** 김현경 | **편집인** 박순기 | **주소** 서울시 종로구 사직로8길 24, 1221호 (내수동, 경희궁의아침 2단지) | **전화** 02-739-9918 | **팩스** 070-4850-8883 | **이메일** booktube0901@gmail.com

ISBN 979-11-90351-44-7 04100   979-11-90351-23-2(세트)

책으로 만나는 인문학강의 세상
북튜브는 북드라망의 강의-책 브랜드입니다.

가족
특강

06

카프카와 가족,

오선민 지음

아버지의 집에서 낯선 자 되기

책머리에

안녕하세요. 저는 쌍둥이 아이를 키우고 있는 엄마입니다. 남산강학원에서 처음 가족 강의가 기획되었을 때 정말 반가웠습니다. 부모와 자식이라고 하는 이 원초적 관계가 제 삶에서도 너무나 중요한 자리를 차지하고 있거든요. 저는 최근 몇 년 동안 계속해서 어떻게 하면 한 사람의 자식으로 또한 엄마로 잘 살 수 있는지를 고민하고 있었습니다.

아이들을 낳자마자 참 많은 것을 느꼈는데요. 태아가 착상을 시작하는 바로 그 순간부터 아이에게 엄청난 사회적 압박이 가해진다는 것을 알게 되었어요. 사람을 낳아 본 것도 처음이고, 그때까지 사람이 크는 것에 관심도 두지 않았던 터라 갑자기 아주 많은 육아서들을 참고했습니다. 엄마야, 기겁했지요! 너무나 많은 정보가 있었어요. 아이가 잘 큰다는 것은 키도 체중도 적당, 구구단과 나누기도 째깍째깍, 그림도 좀, 악기도 하나쯤이었습니다. 이빨이 삐뚤게 나면 교정을 해야 하고, 체중이 '오바'면 다이어트도 해야 하고 (4살인데도!). 공부가 부족할까 봐 선행학습도 해야 하고요. 매 시기마다 발육은 어떠해야 하며, 지력은 어떠해야 하고, 감수성은 또 어떻게 표현되어야 할지 깨알 같은 표준들이 착실하게 생활 속으로 들어왔습니다. 평범하기가 쉽지 않더라구요. 그 '보통'에 아이들과 저를 맞추기 위해서 가계부를 조정하고 보험이며 연금을 계산했지요. 내 새끼 하나 키운다지만 사회의 상식과 교육부, 복지부 등의 국가 시스템에 시종일관 아이들과 저를 맞추지 않을 수 없었습니다. 아이를 낳기 전에는 '나는 이런 인간입네' 하고 취향 따라 성격 따라 마음대로 살 수 있다고 생각했는데, 실은 그 누구도 상식과 제도로부터 자유롭지 않다는 것을 뼈저리게 느낄 수 있었어요. 육아가 선물한 귀한 깨달음이지요.

처음에는 '어떤 엄마가 되어야 할까?'를 고민했습니다. 친구 같은 엄마, 호랑이 엄마 등 집안의 모범이 되기 위해서 제 정체성을 훌륭하게 만들려고 궁리도 많이 했지요. 그러다가 우연히 카프카의 『변신』을 읽었는데 그만 빵! 터졌죠. '갑충으로 변신한 아들의 눈에 아버지가 도대체 어떻게 보일까?' 하는 생각이 들자 웃음을 참을 수가 없었어요. 갑충─그레고르의 앞에는 그저 커다란 팔을 허우적대면서 '돈 벌어야지! 돈 벌어야지!' 하고 대책 없이 큰소리를 치는 짐승이 하나 서 있을 뿐이겠지요. 게다가 돈이라니요? 갑충은 도저히 이해할 수가 없을 겁니다. 일찍 일어나서 통근 기차를 타야 하고 때맞춰 월급봉투를 가지고 들어와야 하는 등의 상식은 오직 인간에게만 해당하니까요. 조금만 다른 관점에서 보아도 아이를 잘 키워야 한다는 이 아등바등이 우스워지겠구나 싶었습니다.

저는 카프카가 어쩌면 삶의 척도를 문제 삼았을지도 모른다는 생각이 들었습니다. 우리의 일상생활은 내가 당연하다고 생각한 것들로 꽉 차 있지요. 옷이나 신발에서부터 머리 모양, 가방 속의 물건들까지도 전부. 우리가 드나드는 장소들 역시 있어야만 할 곳들뿐입니다. 학교나 회사, 심지어 커피숍과 놀이 시설까지도요. 알아야 할 것, 입어야 할 것, 먹어야 할 것. 그래야만 하는 모든 것을 떠올려 보세요. 카프카는 너무나 자연스럽게 버티고 서 있는 이 상식과 사물의 세계를 벌레의 눈으로 한번 보자고 하는 거예요. '정말 그 모든 것들이 그렇게 당연한 걸까?' 하고요.

그러면서 카프카는 가장 원초적인 관계인 가족에서부터 시작했습니다. 생의 첫번째 계단인 가족부터가 천 갈래 만 갈래 상식이 휘젓는 장소라고 본 것이지요. 카프카는 과감하게 이렇게 말하는 것도 같습니다. 누구도 부모 없이는 이 세상에 올 수 없지만, 그 부모라는 존재가 어떤 모습이어야 하는지, 가족은 또 어떤 관계여야 하는지는 결정된 바 없다고요. 가장 가까운 관계에서부터 상식을 의심할 수 있는 시선 하나를 갖는 것. 그것이 카프카의 『변신』이 말하는 바였습니다.

카프카를 읽으면서 저는 '어떤' 엄마가 되어야 하는지에 대한 고민을 접게 되었습니다. '훌륭한 엄마'라니요? 저를 '엄마'라고 규정하는 것부터를 다시 생각해 보아야 할 판인데요(^^). 저는 별의별 욕망을 다 가지고 살고 있으니, 여성이라든가 엄마라든가 하는 규정의 그물에 갇힐 리가 없습니다. 아이들도 마찬가지겠지요. 저 아이들이 제 자식이기만 할까요? 아니, 사람이기는 할까요? 제가 가족이라는 틀을 고집하고 아이들을 제 자식으로 규정하고, 그다음에 엄마 말이니 잘 들으라며 이리저리 끌고 다닐 때에만 누군가의 아이가 되겠지요.

카프카가 보여 주는 부자관계를 따라가다 보면 우리가 근본적으로 서로에게 타자라는 생각이 듭니다. 그러니 상식에 의존하지 않고 집이라는 삶터 안에서 최대한 같이 살 길을 모색해 가는 수밖에 없지요. 그레고르 씨네 집에서 인간-아버지와 갑충-아들이 어찌어찌 살아가게 된 것처럼요. 괴롭히면서 상처도 주고 때로는 삶의 보람도 주게 되겠지만 가족은 인간과 갑충처럼 서로 완전히 다른 욕망을 갖고 집안에서 함께 있는 사이라는 것을 인정해야 할 것 같습니다.

카프카의 주인공들 대부분은 아버지에게 쫓겨나고 약혼자에게 버림받는 등 인간관계에 문제가 많고 혼자서 고군분투하는 것처럼 보이기는 합니다. 그렇지만 자세히 들여다보면 그레고르 씨도 그렇고, 다른 등장인물들도 모두 누군가와 함께 있어요. 인생의 특정한 구간을 함께 걸어가는 반려들이 늘 있었죠. 자식과도 연인과도 영원을 약속하기보다는 지금 각자의 문제를 해결하기 위해 잠깐 의기투합하는 사이라고 생각한 것 같습니다. 카프카는 아버지가 싫다고 집 밖을 떠도는 아들을 그린 것이 아니라 아버지의 집 안에서 갑충으로 끝까지 사는 모습을 그렸어요. 중요한 것은 가족 안에서 그 '관계'에 대해 진지하게 생각을 할 수 있느냐 없느냐이겠지요. 저는 엄마라는 상을 내려놓자 아이들이 낯설어졌습니다. 엄마는 아침밥을 만들어야 하고 아이들은 학교에 가야 하지만 각자 자기 욕망을 실현하기 위해 이렇게 저렇게 서로에게 간섭하고 도움을 받고 있을 뿐이구나 싶어 마음이 가벼워졌습니다. 뭐, 엄마로서 잘 해야 할 일이 따로 없다 싶으니 아이들에 대한 기대도 줄어들고요.

가족 문제를 함께 고민해 보는 강의이지만 근본적으로는 한 사람, 한 사람을 어떤 시선으로 보아야 하는가, 그러면서 어떻게 함께 살아갈 수 있을까를 고민하는 시간이라고 생각합니다. 정답은 따로 없고요. 각자 고민만 더 많아지면 좋겠습니다.

가족 시리즈 강의가 책으로 나오게 되면서 책에 대한 고정 관념 하나가 툭, 떨어지게 되었습니다. 강의의 현장감을 살리기 위해 기획된 우리 시리즈는 한 번의 강의, 한 권의 책이 그저 강사의 말에 그칠 수 없음을 새삼 일깨웁니다. 무엇보다 가족에 대한 카프카의 고민이 「기생충」에서부터 루쉰,『안티 오이디푸스』에 이어『사기』(史記)와 소세키와 만나게 된 것이 놀랍습니다. 강의를 기획하신 '줄자' 선생님과 질문이 질문을 부르는 책을 실험하신 북튜브의 박순기 실장님께 깊은 감사를 드립니다.

차례

책머리에 **5**

Intro **14**

▶

▶

▶

Intro

안녕하세요. '가족을 어떻게 생각할 것인가, 가족과 어떻게 만날 것인가?'라는 주제로 기획된 강의 중 이번에는 '카프카와 가족'에 대해 다루어 보려고 합니다. 카프카야말로 가족과의 불화로 악명이 높은 작가였지요. 그는 세 번이나 약혼했고(그 중에서 두 번은 같은 여인과!), 자신은 평생 아버지의 그늘을 못 벗어나고 있다는 말을 여러 번 했습니다. 아예 삶의 목표를 아버지에 맞서 글쓰는 것으로 정하기도 했고요. 심지어 아버지를 원망하는 편지를 1919년에 쓰기도 했는데요. 생전에 아버지에게 전달되지는 못했지만 절친한 친구인 막스 브로트의 '호의' 덕분에 『아버지에게 드리는 편지』라는 책으로 출간됩니다. 카프카가 가족 안에서 겪은 불화가 전세계의 독자들에게까지 공개

된 것이죠.

그런데 저는 좀 이상합니다. 카프카는 왜 세 번이나 결혼을 하려고 했을까요? 그는 결혼제도를 부정한 것이 아니라 진정 '러블리'한 핵가족 시민사회 안으로 들어가고자 한 것이 아니었을까요? 하지만 문제는 간단하지가 않습니다. 왜냐하면 그 세 번의 약혼이 '결혼 약속의 무기한 지연'이라는 형식을 띠고 있었거든요. 카프카가 '결혼'을 부정하는지 긍정하는지가 애매합니다. 카프카는 약혼자나 자신의 성격적 결함, 둘 사이의 오해, 혹은 사랑의 변질 같은 것들은 전혀 문제 삼지 않았습니다. 그냥 어떤 여인과도 평생 '약혼' 상태를 유지하려고만 했던 것처럼 보입니다. 아니, 결혼이 좋다는 건지 나쁘다는 건지 도대체 뭔지, 참 별스런 태도가 아닐 수 없습니다.

게다가 『아버지에게 드리는 편지』에서 그가 고발하는 것은 '나쁜 아버지'가 아니라 '착한 아들'이었습니다. 자신이 너무나 고분고분하게 아버지의 말씀을 들었기 때문에 아들로 살기가 참 힘들었다는 것입니다. 실은 아버지의 모든 기대를 충족시키고 싶었다는 것일까요? 아니면 자신은 착한 아들이니, 아버지

보다는 훌륭한 가정을 꾸릴 수 있다는 걸까요? 그런데『변신』같은 작품을 떠올려 볼까요? 거기서 아들은 그 안에서 식구들과 잘 지내려고 노력하는 것도 아니고, 아버지의 집을 박차고 나오는 것도 아닙니다. 아버지의 집에서 갑충으로 살지요. 가족들과 같이 안 사는 것은 아니지만, 가족으로서 사는 것은 아닙니다. 이게 뭔 황당한 관계인가요?

실제 개인사에 있어서나 작품을 통해서나 카프카가 가족을 문제 삼는다는 것은 확실해 보입니다. 그렇지만 그가 생각하는 '가족'이라는 것이 어쩌면 제가 생각하는 피를 나눈 화목한 사이, 세상의 온갖 풍파로부터 나를 지켜 줄 안락한 울타리 같은 것은 아닐지도 모르겠습니다. 그래서 저는 카프카가 '아버지'를 어떤 존재로 정의하는지, 또 우리 각자를 출현시키는 이 근원적 인간관계를 어떻게 바라보는지를 한번 살펴보았습니다. 오늘 강의는 카프카가 생각한 '가족'에 대한 저의 짧은 보고서라고 할 수 있겠습니다.

아버지는 강하고, 크고, 어깨가 떡 벌어지신 체격이었지요. 탈의실 안에서부터 이미 저는 제 자신이 초라하게 여겨졌었지요. 아버지 앞에서만이 아니라 온 세상 앞에서 말입니다. 왜냐하면 아버지는 제게 세상 모든 사물들의 척도이셨으니까요.(프란츠 카프카,『아버지에게 드리는 편지』, 이재황 옮김, 문학과지성사, 1999, 29쪽)

Kafka 1부

카프카,

세기말 프라하의 아들

세 번 약혼하는 남자

말씀드린 것처럼 카프카는 세 번이나 약혼을 시도했습니다. 처음과 두번째 약혼의 상대는 펠리체 바우어라는 여성으로, 카프카는 이 여성이 턱과 입이 커서 매력적이라고 크게 칭찬한 바 있습니다. 펠리체는 베를린의 타자기 회사에서 일하는 여성이었는데, 1912년에 두 사람이 처음 만났던 그 시점에서 생각해 보면 고등교육을 받고 스스로의 힘으로 경제적 책임을 질 수 있었으니 대단한 신여성이었다고 할 수 있어요. 그런데 카프카도 참! 여성의 아름다움, 그것도 연인의 아름다움을 칭찬하면서 이빨이 무척 튼튼하다며 감탄하다니요. 아, 정말 이런 남자! 센스며, 미적 감각이며. 독특합니다, 정말.

　　카프카는 육식을 대단히 싫어했는데 어째서 씹는 턱이 발달한 여성을 사랑한다고 했을까요? 말년에 그가 쓴 작품 「어느 단식 광대」를 통해 추론해 보자면, 씹어야 할 것이 타인의 살이 아니라 나의 허물 나의 살덩이여야 하니까 그렇습니다. 「어느 단식 광대」의 주인공은 굶으면서 그동안 자신을 먹이고 살렸던 것을 되돌아봅니다. 그런 식으로 자기를 뜯어먹으면서 먹어야 할 다른 것들을 탐색하지요. 다르게 먹고 다르게 살기 위한 도구로서의 턱은 카프카에게는 중요한 화두였던 것 같습니다. 그런 점에서 생각해 보면 카프카는 육식 자체를 거부한 것이 아니라, 자기 몸을 불리기 위해서 타인의 생명을 도구나 재료로 삼는다는 생각에 강한 불쾌감을 표현했다고도 할 수 있을 것 같아요. 그런데 카프카가 펠리체의 턱을 칭찬한 이유는 이런 불쾌함을 투사했기 때문은 아니었던 것 같고요. 오히려 그 자신에게는 없는 씩씩함, 삶에 헌신하고자 하는 그 생명력 때문이 아니었을까 싶습니다.

세번째 약혼 상대는 율리 보리체크라는 체코 여성인데, 펠리체와의 두 번의 파혼이 준 충격으로부터 그를 구해 준 천사와 같은 존재였습니다. 카프카의 두 번째 파혼은 표면적으로는 건강 때문이었습니다. 하지만 그 정황을 살펴보면 '결혼'이라는 문턱을 넘어가지 않으려는 그의 발버둥이 원인이어서, 당시 펠리체도 친구들도 가족들도 카프카가 왜 결혼을 안 하겠다는 것인지 아무도 이해하지 못했지요. 돈도, 집도, 약혼녀도 다 자신을 기다리고 있었고, 심지어 장인어

른이 되실 분은 카프카가 필요하다면 얼마든지 글 쓸 수 있는 시간과 장소를 마련해 준다고까지 했는데요. 하지만 어떤 이유로도 결혼의 문턱을 넘도록 그를 밀어붙일 수는 없었습니다. 그냥 거기는 넘어가면 안 되는 선이었어요.

더 들어가 보겠습니다. 그 넘지 말아야 할 것에 무엇이 있었을까요? 바로 소파와 식탁이 있었습니다. 카프카는 가족들을 모여 앉게 하는 그런 가구나 집기를 혐오했습니다. 카프카는 펠리체가 신혼집을 꾸미기 위해 마련하는 살림들을 보고 숨 막혀했습니다. 그 모든 것을 갖추어야만 유지되는 관계라는 것은 결국 그 모든 살림들을 지키기 위한 관계가 될 것이기 때문이죠. 가족을 유지하는 형식이 도대체 무엇인지 물어 들어가면 최종적으로는 물질적 구색밖에는 안 될 거라는 거죠.

그럼 무엇이 '파혼의 충격'일까요? 이것은 카프카에게 펠리체와의 사랑이 무엇을 의미했는지를 통해 추측해 볼 수 있습니다. 1912년 9월 카프카는 펠리체에게 첫 연애편지를 쓰면서 사랑을 고백했는데요. 물론 '내가 당신을 사랑하네~'와 같은 달달한 멘트는 없었고요. '앞으로 편지를 좀 보낼까 한다', 정도였습니다(^^). 그런데 9월 22일 이 편지를 쓴 그날부터 23일, 24일 이 며칠 사이에 카프카에게는 큰 변화가 일어납니다. 그의 첫 소설이라고 할 수 있는 『선고』도 이 기간에 쓰였습니다. 몇 번 만나지도 않은 한 여인을 향한 엄청난 에너지의 폭발이 그로 하여금 펜을 들게 했고, 단 한 줄도 계획한 적이 없었던 기이한 작품을 낳게 한 거예요. '나'라고 하는 이 견고한 세계를 박차고 나가고 싶게 하는 힘, 그것이 자신과는 달리 크고 멋진 턱을 가진 여성을 통해 촉발되었습니다. 카프카의 초기 3부작인 『선고』, 『변신』, 『실종자』는 이 첫번째 약혼이 낳은 괴물이었습니다. 프라하에서만이 아니라 독일어를 쓰는 유럽의 많은 독자들이 이 괴물들을 보고 기겁했지요. 작품들은 독일어로 단 한 번도 표현되어 본 적 없는 낯선 세계관을 담고 있었기 때문입니다. 이 부분에 대해서는 뒤에서 조금 더 이야기하기로 하고요.

정리하자면 카프카에게 사랑이란 자기를 넘어가게 하는 힘이었습니다. 사랑은 반드시 타인을 필요로 했기에, '파혼의 충격'이란 그처럼 낯선 타인과의 관

프란츠 카프카(Franz Kafka, 1883~1924).

계를 잃은 데에 따른 괴로움이었어요. 그는 다시 혼자가 되는 것이 두려웠을 겁니다. 약혼녀 없이 혼자가 된다는 것은 자기 고집, 자기 소유, 자기라는 견고한 울타리 안에 다시 갇히게 된다는 것을 뜻했거든요.

그럼 계속 연애만 하면 될 것이지 왜 '약혼'을 그렇게 또 고집했던 것일까요? 결혼은 사실 너무나 많은 것을 상대와 '함께', '같이' 만들어 가야 하는 일이잖아요. 결혼은 보다 더 강고한 관계, 점점 더 서로에게 개입하는 관계입니다. 자기를 계속해서 변용시킬 수밖에 없어요. 카프카는 그렇게 강하게 결속되는 가운데에서도 서로에게 계속 다른 모습을 요구하는 관계방식이 마음에 들었나 봅니다. 또 계속해서 타자로 남을 수 있는 관계로서 '결혼'을 바라보았던 것 같아요. 그런데 20세기 초 프라하 사람들이 말하는 결혼의 상식이란 함께 같은 가구를 나누어 쓰고, 같은 생각을 공유하고, 부모를 꼭 닮은 분신을 낳아 기르는 것이었죠. 카프카와는 맞지 않았습니다.

카프카의 약혼은 세 번이나 자신의 결혼관을 실험해 보려 했던 시도라고 보아야 하지 않을까요? 작품이 워낙 어둡고, 그 세계 안에 온통 연애도 잘 못하

❝

넘지 말아야 할 것에 무엇이 있었을까요? 바로 소파와 식탁이 있었습니다. 카프카는 가족들을 모여 앉게 하는 그런 가구나 집기를 혐오했습니다. 카프카는 펠리체가 신혼집을 꾸미기 위해 마련하는 살림들을 보고 숨 막혀했습니다. 그 모든 것을 갖추어야만 유지되는 관계라는 것은 결국 그 모든 살림들을 지키기 위한 관계가 될 것이기 때문이죠.

는 독신남들이 돌아다니기 때문에 그가 대단히 고독하게 살았을 것 같습니다만, 카프카는 기본적으로 타인에게 계속 자신을 여는, 그러면서 자신에게 계속 다른 방식의 삶을 허락하는 사람이었습니다. 카프카에 따르면 우리에게 주어진 최고의 구원은 타인과 함께하는 삶입니다. 단, 그 '함께'란 대단히 운동성을 가진 상태로서 서로를 원래 그 모습으로는 도저히 있을 수 없게끔 계속 변화시키는 자장(磁場) 같은 거죠.

『아버지에게 드리는 편지』에 따르면 세번째인 율리 보리체크와의 약혼은, 그녀의 가난이 수치스럽다며 고개를 설레설레 젓는 아버지 때문에 파국을 맞는 것처럼 보입니다. 그런데 저는 세번째 파혼도 예고되어 있었다고 생각합니다. 카프카가 아버지의 속물적인 결혼관을 몰랐던 것도 아니구요. 아버지로 대표되는 가족주의의 사회적 기대는 너무도 견고했고, 부부가 같이 돈 잘 모아 집 사고 정원 가꾸고 새끼들 키우라는 요구는 한순간도 카프카를 내버려 두지 않았겠지요. 카프카는 누구보다 그런 자명한 상식에 예민하게 반응했을 테니, 율리 보리체크는 자꾸만 세상과 불화하려는 약혼자를 견딜 수 없었을 거예요.

아버지에게 드리는 편지. 카프카가 아버지에게 느낀 불화의 감정들을 써내려간 이 편지는 정작 아버지에게 전달되지는 않았던 것으로 보인다. 하지만 막스 브로트의 손을 거쳐 책으로 출간되면서 카프카와 아버지의 관계가 세상에 널리 알려지게 된다.

어느 유대인 가장의 꿈, 나에게 집을 달라!

계속해서 서로를 낯설게 만들어 주는 관계로서의 가족은 왜 그토록 실현하기 어려운 것일까요? 카프카는 그 원인을 아버지에게 있다고 보았습니다. 이때 아버지란 자기 아버지 헤르만 카프카를 의미한다기보다 삶의 척도를 뜻합니다. 롤 모델이라고도 할 수 있는데요. 어떻게 살아야 하는가에 대한 원초적 질문에 대한 답이 되어 주는 하나의 인격적 표상이지요. 신이 '이렇게 살아라, 저렇게 살아라'라고 말씀해 주시지도 않고, 왕이라든가 귀족이라든가 농민이라든가 나서부터 죽을 때까지 지켜야 할 자리가 있는 것도 아닌 시대가 되어, 자기 운명을 스스로 개척해 나가지 않으면 안 되는 상황에서 대중은 본받아야 할 어떤 삶의 이미지가 필요했어요.

근대소설이란 자유, 평등, 박애가 삶의 진리로 자리 잡은 시대가 요구하는 인간상을 찾는 과정에서 출현한 하나의 예술 형식입니다. 이것을 발자크라는 작가가 『고리오 영감』(1835)으로 아주 잘 보여 줍니다. 개천에서 난 용이라고 할 수 있는, 지방 소도시 가난

『고리오 영감』의 한 장면(왼쪽 위)과 오노레 드 발자크(오른쪽 아래). 고리오 영감은 젊은 시절 제면업으로 쌓은 부를 두 딸을 위해 모두 써 버렸지만 두 딸은 아버지를 외면한다. 시골에서 올라온 청년 라스티냐크는 두 딸에게 버림받은 고리오 영감의 모습에서 근대 자본주의의 속물성을 보지만 그 역시 출세를 위한 길을 걷기 시작한다.

한 집안의 똑똑한 큰아들 라스티냐크는 파리라는 대도시에서 성공하고 싶어 안달이 나 있었습니다. 결국 그는 사교 잘 하고 연줄 잘 만들어서 돈 잘 버는 사람이 되는데요. 그 과정에서 무시무시한 진실 하나를 깨닫게 되죠. 성공이란 바로 고리오라고 하는 순진한 늙은이들, 가련한 아비들을 밟고 나가는 일이라는 것을요. 발자크의 이 소설은 윤리라든가, 도리라든가 하는 낡은 가치를 빨리 발로 차 버릴수록 이득이다, 라며 아버지 세대를 깔아뭉개고 앞으로 나가려는 청년들을 잘 포착하고 있습니다.

누구나 다 알아주는 판사, 변호사, 교수 등의 잘나가는 직업을 갖고 착하고 예쁜 아내와 토끼 같은 자식들을 거느리고 떵떵거리는 삶. 그러한 관계를 건실하게 끌고 나가는 교육 잘 받은 성인 남성. 발자크의 시대, 19세기 중반에 이미 이러한 인간상이 본받아야 할 모범이 되고 있었습니다. 발자크가 『고리오 영감』을 썼던 것이 1835년이니까요, 카프카는 바로 그런 청년들이 아버지가 되어 만든 세상에서 아들로 살고 있었습니다.

카프카가 문제 삼는 것은 라스티냐크가 아버지가

되었을 때입니다. 어째서 라스티냐크 같은 사람이 시민으로 떵떵거리며 살게 된 것일까요? 성직자나 예술가가 같은 사람들이 아니라? 카프카의 아버지는 '어떻게 하면 잘살 수 있을까'를 철저히 고민한 끝에 삶의 전형을 찾고 스스로 그 이미지에 자신을 끼워 맞추려고 최선을 다한 사람이었습니다. 그는 체코인과 유대인을 상대로 하는 소매업으로 큰돈을 벌었어요. 프라하 구도심에 광장이 하나 있는데요. 중세 때부터 프라하 사람들의 장터이자 놀이터, 정치적 공회의 장소가 된 곳입니다. 헤르만 카프카는 바로 그곳에서도 제일 목이 좋은 곳에 가게를 갖고 있었어요. 그 자리는 구 유대인 게토와 신시가지가 맞물리는 지점이기도 했습니다.

그런데 헤르만 카프카가 돈에 매달린 것은 프라하의 유대인이라는 그의 처지 때문이기도 했습니다. 프라하는 체코 민족의 터전이기는 했지만 1천 년 전부터 유대인들이 들어와서 나름대로 자리를 잡은 도시이기도 했어요. 유럽에서는 오래전부터 떠돌이 유대인들을 멸시해 왔는데요. 프라하도 예외는 아니었습니다. 그런데 프라하는 1918년 체코슬로바키아 공화국이 독립할 때까지 거의 300년 동안 오스트리아-독일계 합스부르크 왕가의 지배를 받고 있었어요. 그래서 도시의 지배층은 독일어를 쓰는 소수의 독일민족들이었죠. 그런데 19세기 말에 민족주의가 크게 일어나자 체코민족, 유대민족, 독일민족 간의 알력다툼이 본격적으로 일어났습니다. 그 투쟁의 도가니에서 유대인들은 그들 나름대로 시민적 권리를 요구하기도 했어요. 그런데 헤르만 카프카는 그 뜨거운 시절 내내 오직 돈만 보았습니다. 시절이 너무나 하 수상하니 최대한 몸을 사릴 필요가 있었고, 어쩌다 운이 좋아 유대인들도 좀 시민권을 제대로 누릴 수 있을지는 모르겠으나 결국 '세상일은 어떻게 될지 모른다' 주의였던 겁니다. 결국 그는 가장 믿을 수 있는 신, 돈을 믿기로 했습니다.

그는 아이들에게 모두 독일어를 쓰게 했지요. 프라하 최고의 김나지움(독일식 중등교육기관)에 보냈을 뿐만 아니라 집안에서도 독일어만 말하도록 했습니다. 카프카를 '프란츠'라고 불렀던 것도 독일 황제를 기념해서였어요. 독일이 좋아서라기보다는 합스부르크 왕가가 철수하고 있기는 했지만, 이미 자리를 잡

킨스키 궁전. 이 건물에 카프카가 다녔던 김나지움이 있었고, 건물 1층에는
아버지가 운영하던 가게가 있었다고 한다.

은 사회의 지배 문화와 관료구조 자체가 독일식이었기 때문입니다. 출세를 하려면 체코어가 아니라 독일어에 정통해야 했던 거죠. 아들은 관료가 되어야 했는데, 그때나 지금이나 공무원이 제일 안정적인 직업이니까요. 관료가 되기 위해서는 더더욱 독일적 취향으로 도배할 필요가 있었습니다. 헤르만 카프카는 독일적인 것으로 무장해야만 유대인이라는 피부를 벗고 체코인도 누르면서 떳떳하게 살 수 있다고 보았던 거지요.

그는 이 모든 노고를 가족을 위해서라고 했습니다. '가족'이라는 대의는 그의 어떤 탐욕과 위선도 다 덮어 주는 '도덕'이었어요. 가족을 먹여 살리는 기쁨이 그의 자존을 지탱해 주었습니다. 하지만 이 아버지를 건전한 부르주아의 가장이라고 보기는 좀 어려울 것 같아요. 그의 입에서 나오는 말들은 아내나 자식을 경멸하는 것이 태반이었고, 때로는 자신의 힘을 과시하기 위해 아들을 이용하는 모습까지 보였기 때문입니다. 헤르만 카프카는 수영장에서 다부진 자신의 몸매를 과시하면서 비쩍 마른 아들이 느낄 부끄러움 같은 것은 전혀 신경 쓰지 않았죠. 뭐 나쁜 의도는 아니

"

누구나 다 알아주는 판사, 변호사, 교수 등의 잘나가는 직업을 갖고 착하고 예쁜 아내와 토끼 같은 자식들을 거느리고 떵떵거리는 삶. 그러한 관계를 건실하게 끌고 나가는 교육 잘 받은 성인 남성. 발자크의 시대, 19세기 중반에 이미 이러한 인간상이 본받아야 할 모범이 되고 있었습니다. […] 카프카는 바로 그런 청년들이 아버지가 되어 만든 세상에서 아들로 살고 있었습니다.

었겠지요. 하지만 아들은 자랑스럽게 근육을 자랑하는 아버지 앞에서 주눅이 들곤 했습니다. 이 아버지는 어머니가 옆에 있는데도 아들에게 창녀를 소개시켜 줄 수 있다고 서슴없이 말하기도 하고요. 한마디로 헤르만 카프카는 자신이 하는 말이 상대방에게 어떤 상처를 줄지, 오해를 줄지, 전혀 생각하지 않는 사람이었어요. 그는 왜 그렇게 당당하고 오만했던 걸까요? 집안에서만 보면, 돈을 벌어다 주기 때문에 아버지의 모든 말과 행동은 다 이해되고 용서되었던 것 같습니다. 적어도 카프카는 아버지 중심으로 돌아가는 자신의 가족 관계를 그렇게 이해했습니다.

돈을 벌려고 했다는 것 자체로 누구를 비난할 수 있겠습니까? 물질을 제일 중요시하는 화폐 자본주의가 출항한 지도 꽤 되었는데요. 우리는 이 구조 안에서 어쨌든 오늘 하루를 살아야 합니다. 카프카도 아버지의 탐욕 자체를 문제 삼지는 않았습니다. 자신의 안락과 안전을 위해서, 돈으로 쌓은 그 울타리를 지키기 위해서, 자기보다 못한 사람은 못났다고 비웃고 자기보다 잘난 사람은 잘났다며 경멸하고 그 자신은 아직도 벌어야 할 것이 많다며, 늘 "부족해, 부족해"라고 중얼거리며 초조해하고 불안해하는 그 삶의 태도! 카프카는 그것이 참을 수가 없었어요. 아버지라는 표상은 그렇게 살지 않는 모든 사람들을 무시하면서, 그 자신도 만족스럽게 살지 못하는 어리석음의 배양지였죠. 카프카는 경고합니다. 돈이 자신을 어떤 인간으로 만들고 있는가를 자각하지 못하면, 돈만 벌면서 살게 된다는 것을요.

카프카와 같은 시대에 소설을 썼던 헤르만 헤세도 아버지 표상의 편협함과 비겁함을 노골적으로 문제 삼았는데요. 『수레바퀴 아래서』의 도입부에 완전히 헤르만 카프카와 같은 사람이 나옵니다.

중개업과 대리업을 하는 요제프 기벤라트 씨는 도시의 다른 사람들에 비해 뛰어나거나 특별한 것이 없는 사람이었다. 그들처럼 어깨가 벌어지고 체격이 건장했으며, 장사 수완도 괜찮았고, 노골적으로 그리고 진심으로 돈을 숭배했다. [중략] 가난한 사람들은 가난뱅이라고 깔보고, 부유한 사람들은 거드름을 피운다고 욕했다. [중략] 그는 이웃의 어느 누구와 이름과 집을 바꾸더라도 별로 달라질 게 없을

만큼 평범했다. 또 영혼 저 깊숙한 곳에서부터 뛰어
난 힘과 능력을 가진 인물을 끊임없이 불신했으며,
평범하지 않은 것과 보다 자유롭고 고상한 것, 정신
적인 것을 시샘해서 본능적으로 싫어했다. 그 점에
서도 그는 도시의 다른 가장들과 마찬가지였다.(헤
르만 헤세, 『수레바퀴 아래서』, 한미희 옮김, 문학동
네, 2013, 7~8쪽)

　정말 카프카가 자기 아버지에 대해 생각한 그대
로라고 할 수 있어요. 자신의 평범함을 아들의 비범함
으로 극복하기 위해 돈을 버는 아버지. 자기 자신의
인품과 능력으로는 세상에 나설 수가 없어서 모든 사
람들이 우러러 숭상하는 그런 가치, 즉 돈을 좇아가는
사람. 바로 이런 아버지가 한 생명을, 자신의 아들을,
수레바퀴 아래로 떠밉니다. 그런데 이런 아버지 밑에
서 나온 아들들 중에 한스 기벤라트나 프란츠 카프카
처럼 도저히 아버지와 화해할 수 없어서 아예 자신을
부숴 버리기로 결심하는 사람이 있었습니다.

메시아, 도래하실 나의 주인님?

카프카에게 '아버지'란 현대를 사는 시민의 표상이었습니다. 그런데 여기에 더해 카프카는 또 하나의 아버지를 문제 삼습니다. 바로 메시아입니다. 카프카는 유대인이었지요. 하지만 십대 초반까지 프라하에서 유대인으로 산다는 것이 어떤 의미인지에 대해서 전혀 알지 못했습니다. 헤르만 씨가 철저히 아들을 독일인으로 만들려고 했기 때문이지요. 그런데 세상이 프란츠 카프카만 내버려 두지를 않지요. 어느 날 카프카는 등 뒤에서 '야, 너는 라바콜이구나!'라고 하는 이상한 말을 듣게 됩니다. 비아냥이었어요. 집에 와서 부모님에게 그 의미를 물었을 때 돌아온 대답은 충격적이었습니다. 라바콜이란 '추방당한 자', '범죄자'를 지칭하는 이름이었기 때문이에요.

부모님은 아들이 받은 놀림이라고는 상상도 못한 채, 그냥 '라바콜'로 불리는 사람들과는 놀지 말아야 한다며 경고를 주었죠. 세상에! 자기 자신과 어울리지 말라니요? 그날 카프카는 난생처음으로 자기 자신이 둘로 분리됨을 느꼈습니다. '프란츠 카프카'와 '라바콜', 그리고 둘은 절대로 일치될 수 없었어요.

이 에피소드는 프라하 내의 인종차별이 어떠했는 가를 아주 잘 보여 줍니다. 유대인들은 불가촉천민처럼 열등한 사람들, 하지만 이상하게 돈에는 밝아가지고 계속 체코 사람들을 기분 나쁘게 한다는 거죠. 그런 질시와 억압을 받아 왔던 유대인들에게는 하나의 신앙이 있었습니다. 유대인에 대한 표상 중에는 '방랑하는 유대인'(Wandering Jew)이라는 것이 있는데요. 중세 유럽의 전설에 따르면 십자가를 짊어진 예수가 잠깐 휴식을 청했을 때 한 유대인이 그것을 거절했다고 해요. 그때 예수가 '너는 내가 올 때까지 기다려라'라고 말했다고 하죠. 그 뒤로 유대인은 '최후의 심판'이 올 때까지 계속 떠돌게 되었다는 거예요. 영원히 고향으로 돌아가지 못한 채 말입니다. '최후의 날'은 유대인의 비참을 끝내 줄 시점이자, 그들이 '지금' 이렇게 박해받고 고생하는 이유가 되는 거죠. 이 최후의 날에는 메시아가 도래해 그동안에 있었던 모든 상처와 슬픔을 치료해 준 다음 그들을 빛으로 인도한다고 합니다.

카프카는 유대적 전통에 익숙해서라기보다는 당

프라하의 구 유대인 게토 구역. 체코에 민족주의의 바람이 불기 전부터 프라
하의 유대인들은 정해진 구역에서 제한된 삶을 살아야 했다. 하지만 체코 독
립에 대한 열망이 높아지고 민족주의 바람이 불면서 유대인에 대한 차별과
혐오는 더욱더 심해져 갔다.

시 시대 분위기 속에서 새로운 메시아의 출현을 보았습니다. 앞에서 잠깐 말씀드렸지만, 당시는 민족주의가 크게 일어나서 유럽의 여러 민족들이 자기들의 조상(혈통)과, 땅, 언어로 똘똘 뭉쳐서 거대한 국가공동체를 만들려는 움직임이 있었습니다. 체코슬로바키아 공화국이 합스부르크 제국의 한 분파국에서 독립국이 될 수 있었던 것도 이러한 민족의식을 그 땅의 사람들이 갖게 된 까닭이죠. 프라하 안에서도 사람들은 민족국가만 만들어지면 그 안에서 각자 참된 자유를 누릴 수 있을 것이라며, 같이 어울려 살던 유대인들, 떠돌이 집시들, 또 지배자인 독일인들을 체코 바깥으로 내쫓기 위해서 안달이었습니다. 유대인 혐오의 수준이 완전히 달라졌어요. 중세 때는 그래도 유대인들을 프라하 공동체 안에 두고 보았는데 이제는 이들이 왜 아직까지 여기에 있냐며 쫓아내자는 목소리가 높아졌던 거죠.

카프카는 체코나 독일에서 시끄럽게 일어나고 있는 민족주의의 움직임이 어쩐지 메시아주의와 닮았다고 생각했습니다. 왜냐하면 민족주의의 기본은 순혈주의에 바탕을 둔 순수 공동체의 지향이고, 그것은

독립을 축하하기 위해 프라하의 바츨라프 광장에 모인 군중들. 1620년부터 합스부르크 왕가의 지배를 받던 체코는 1918년 10월 28일 체코슬로바키아 공화국으로 독립을 맞이하게 된다. 하지만 '독립'이라는 메시아적 사건과 민족주의에 내재한 '순혈주의'는 유대인들을 공동체에서 추방하자는 목소리로 이어지게 된다.

공동체 내부에서 그들이 생각하는 민족 정체성에 맞지 않는 온갖 요소들을 일거에 박멸할 것을 목표로 했기 때문이죠. 민족주의자들에게 '지금'은 민족중흥의 미래를 위해 초석을 닦아야 하는 시점인데, 모든 문제가 해결될 언젠가의 그날을 위해 인고의 시간을 겪어 마땅하다는 거죠.

물론 이와 같은 준비론, 현실 부정론은 민족주의에만 있는 것은 아닙니다. 좀 더 부유해지고, 좀 더 편안해지는 미래를 위해 오늘 온갖 피로와 절망을 견뎌내야 한다는 태도는 우리 생활 도처에 편재해 있습니다. 학생은 취업을 위해 오늘을 다 바치고, 직장인은 월급을 위해 오늘을 다 갈아 넣습니다. 늘 언젠가의 그 행복을 위해, 지금 이 곤란이 일거에 해결될 그 날을 기다리며 사는 삶은, 이제 너무나 익숙해져서 이상하다고 생각하기가 어렵죠.

카프카는 모든 미래주의, 목표지상주의 안에 들어 있는 현실 부정의 음습한 냄새를 딱 싫어했습니다. 카프카는 미래에 도래할 어떤 모습이 지금 살아가는 목표와 방향을 정해 준다는 점에서, 미래라는 메시아가 마치 아버지처럼 지금을 낳고 있다고 생각했습니다. 그런데 잘 따져 볼까요? 사실 그런 메시아를 낳은 것은 지금의 나입니다. 왜냐하면 내 고통이 일거에 해결된 미래는 어쨌든 지금 내가 그린 미래니까요. 지금 내 삶을 음화(陰畫)라고 보고, 그 양화(陽畫)를 그린 것에 지나지 않습니다. 지금 내가 나의 처지를 불행하다, 부족하다, 아쉽다고 평가하면서 만들어 낸 메시아니까 나야말로 이 메시아의 아버지라고도 할 수 있겠네요.

메시아를 낳은 것은 바로 나다. 그렇습니다. 카프카가 보기에 아버지가 집안의 왕으로 군림할 수 있는 것은 그런 아버지를 필요로 하는 아들이 있어서입니다. 사실 『아버지에게 드리는 편지』에서 우리가 확인할 수 있는 것은 나쁜 아버지가 아니라 무능력한 아들입니다. 이 편지에서 카프카는 아버지를 원망한다면서 실은 별로 대단하지 않은 에피소드를 예로 들고 있습니다. 어릴 적에 어느 추운 날 밤 물 마시러 나왔다가 아버지에게 쫓겨 베란다에서 벌벌 떨고 서 있었던 일, 아들을 대할 때 '나 때는 말이야~' 하면서 꼰대처럼 당신 고생한 이야기를 좀 한 것, 가게에 일하러 온 친척 조카의 실수를 큰소리로 야단친 것. 물론 가난한

아가씨와 결혼하느니 차라리 매춘을 하는 게 낫다는 등의 이상한 도덕관도 나오기는 합니다만, 이 아버지는 아들을 때리거나 남에게 사기를 치는 등 입에 담지도 못할 죄를 지은 불한당이 아닙니다. 그저 한 푼이라도 더 벌려고 아등바등하는 평범한 소시민이지요.

그런데도 그토록 큰 권위를 갖고 집안에서 군림할 수 있다면 그것은 가족들이 그런 아버지에게 절대적으로 의존하고 있기 때문입니다. 카프카는 아버지에게 편지를 쓰면서 실은 그런 아버지를 필요로 했던 자신의 욕망을 보았습니다. 어쩌면 바로 내가, '아버지처럼 번듯하게 돈도 벌고 아내와 자식을 거느리며 작은 왕국을 지키는 삶을 원했던 것은 아닌가?'라고요. 자기가 어떤 삶을 살고 싶은지 스스로 묻고 답하지 못하면 계속 아버지 같은 모범, 무리가 칭송하는 아이콘만 좇게 될 겁니다.

물론 아버지를 칭송하는 아들만 아버지가 필요한 것은 아닙니다. 아버지를 미워하는 아들도 아버지를 필요로 하기는 마찬가지지요. 『아버지에게 드리는 편지』에는 그 예가 잘 나옵니다. 헤르만 카프카에게는 네 명의 자식이 있었어요. 장남 프란츠 카프카가 있

카프카의 아버지 헤르만 카프카(왼쪽)와 어머니 율리에 카프카(오른쪽).

고, 그 아래로 카프카와 나이 차가 많이 나는 여동생 셋이 있었습니다. 첫째 누이 발리는 순종의 상징이죠. 첫딸은 아버지를 닮기 위해 애썼는데요, 아버지처럼 부르주아적 가정을 꾸렸어요. 둘째 엘리는 아버지와는 정반대 성격의 남편을 맞이하고서 훨씬 더 건전하고 올바르게 살겠다고 큰소리쳤어요. 문제는 셋째 여동생 오틀라인데 카프카는 이 막내동생과 아주 친했어요. 오틀라는 두 언니들과는 달리 아버지가 싫어하는 일만 골라서 했는데요. 아버지가 제일 싫어한 시골 농장 생활, 독신주의 등을 밀고 나가서 오틀라는 불화의 대명사가 되고 말았죠. 카프카는 오틀라와 가장 친했습니다.

그런데 카프카가 보기에 여동생들은 어쨌든 아버지를 삶의 척도로 삼거나, 아버지를 부정함으로써 여전히 '아버지'를 자기 삶의 중요한 좌표로 삼고 있었어요. 가까워지거나 멀어져야 할 대상으로서 말이에요. 독특한 것은 카프카였습니다. 그는 평생 아버지의 그늘을 벗어나지 않았어요. 아버지의 집에서 하숙생처럼 지내기도 하고, 때로 밖에 나가 살거나 요양원을 돌아다닐 때도 있었지만 대개는 가족들이 언제라도

카프카의 여동생들. 왼쪽부터 발리(Valli), 엘리(Elli), 오틀라(Ottla).

찾아올 수 있는 근처에 방을 얻어 살았습니다. 어째서 그럴 수 있었을까요? 카프카는 아버지를 자기 삶의 척도로 삼고 있지 않았던 겁니다.

카프카의 이력에는 여러 가지 흥미로운 점이 많은데요. 유대인이면서도 체코 공화국의 공무원이었다든가, 극렬했던 프라하의 온갖 정치투쟁들 옆에서 산책만 했다든가, 아버지의 집에서 독신자로 살았다든가, 세 번이나 약혼을 했다든가. 작가라고는 하지만 극히 적은 수의 작품만 발표했고 그나마도 다 태워 달라고 했습니다. 카프카는 유대인, 프라하의 시민, 약혼자, 작가 등 온갖 규정들을 슬그머니 다 비껴 나 있죠. 그가 어떤 것도 절대시하지 않았기 때문입니다. 그는 아버지를 칭송할 필요도 부정할 필요도 느끼지 못했던 거예요. 자기 삶에는 아버지 말고도 눈 두어야 할 것들이 너무나 많았으니까요.

재미있는 점을 하나 더 말씀드려 볼게요. 이 편지의 수신자는 물론 헤르만 카프카 씨입니다. 하지만 카프카는 편지를 어머니에게 드렸어요. 생전에 어머니가 아버지에게 이 편지를 보여 주었는지는 알 수 없습니다. 그렇지만 이 편지는 앞서 말한 대로 친구에게 전해졌고 출판되어 지금 우리 손에 도착해 있어요. 다시 말해 이 편지의 수신자는 독자인 우리입니다. 우리야말로 카프카가 아버지라고 불렀던 존재, 삶의 척도를 찾아 여기저기를 두리번거리고 미래의 메시아를 기다리면서 오늘을 걱정하는 존재일지도 모릅니다. 앗! 뜨끔!

Kafka 2부

성스러운 흡혈 가족 이야기

『선고』, 「시골의사」: 아들은 아버지를 낳고

자, 이제부터는 카프카의 작품 속으로 들어가 보도록 하겠습니다. '나는 이렇게 살아야 해', '나는 저런 사람이 되어야 해' 등의 어떤 척도, 삶의 기준 같은 것을 갖지 않는다는 것은 도대체 어떻게 산다는 것일까요?

카프카의 작품을 지배하는 것은 가족 드라마라고 할 수 있습니다. 초기 작품들은 보통 아들 3부작이라고도 불리지요(『선고』, 『화부』, 『변신』). 중후반 작품에서는 아버지는 안 나와도 아버지처럼 권위를 부여받고 사람들 위로 군림하는 군인, 판사, 성주 등이 나옵니다. 이들은 도처에서 자기 말을 들어 줄 '아들'을 발견해 내지요. 아니, 도처에 그런 아버지가 필요한 아들들이 있습니다. 카프카는 시대의 지배적인 가족관을 비판하고 그 문제되는 지점을 돌파하기 위해 다양한 시도를 했었는데요. 가장 대표적인 몇 작품을 말씀드려 보겠습니다.

가족이 어떤 식으로 서로를 필요로 하는 집단인지는 아들 3부작의 포문을 여는 첫 작품 『선고』에서부터 아주 잘 나옵니다. 『선고』는 펠리체 바우어 양에게 첫 연애편지를 쓰고 난 바로 다음 날 단 하룻밤 만에 쓴 작품입니다. 쓰고 나서 카프카 본인도 놀랐어요. 도대체 자신이 뭘 낳았는지 모르겠다고요. 진짜 펠리체를 향한 사랑은 그 자신이 꿈도 꿔 보지 못한 자식(작품)을 낳았습니다.

이 작품은 게오르크 벤데만이라는 한 남자가 자신의 약혼 소식을 러시아에 있는 친구에게 알리기 위해 편지를 쓰다 말고, 그 계획을 아버지에게 말하다가 혼이 나고는 강물로 뛰어든다는 이야기인데요. 참 황당합니다. 이런 뜬금없는 전개라니요. 그런데 카프카가 쓴 모든 작품이 다 이런 식으로 뜬금이 없으니까, 읽다 보면 또 적응이 되는 스타일이기도 합니다(^^). 갑자기 갑충이 되고(『변신』), 아침에 눈을 떴더니 죄가 있다는 선고를 받고(『소송』), 자기가 판 굴에 자기가 갇혔다고 울고(「굴」) 하는 식이죠. 카프카는 정말 아무런 이유도 목적도 없는 소설을 쓰려고 했던 거죠.

사실 이런 방식이야말로 나를 낳은 기원으로서의 아버지(원인), 내가 끝내 마주해야 할 메시아(목적) 없는 글쓰기라는 점에서 '아버지' 즉 어떤 척도와 맞서는 문학 형식이라고 할 수 있습니다. 카프카는 기승

1916년 출간된 『선고』(*Das Urteil*)의 표지.

전결 없는 이야기의 형식을 통해 특정한 주제가 작품 전체를 장악하는 일이 없도록, 사건들을 필연적인 인과 없이 이어 붙이려고 했습니다. 어떤 설계도를 마련하고, 장면을 구조적으로 짜임새 있게 배치하면서 소설을 쓰지 않았어요. 그렇게 되면 장면 장면들이 전체 주제를 위해 봉사하게 되고, 작품은 결론으로 갈수록 앞에 뿌려놓은 떡밥들을 회수해 가면서 '진짜 하고 싶은 말은 이거다!'를 내놓게 되죠. 카프카는 최선을 다해 그런 식의 작품을 쓰지 않으려 했습니다. 최종적으로 만들어 내야 할 의미라는 것이 따로 없다는 것을 형식을 통해 주장하고 싶었던 거예요.

다시 『선고』로 돌아가 보겠습니다. 게오르크의 아버지 벤데만 씨는 아들에게 사업을 물려주고 나서 뒷방 늙은이처럼 꾀죄죄한 옷을 걸쳐 입고 집 안에서 소일하는 사람으로 나옵니다. 사업도, 그 자신의 일상도, 모두 아들이 관장하기 때문에 축 처진 어깨로 아무것도 못하는 무능력한 사람으로 보이지요. 그런데 아들이 갑자기 방문을 열고 '아버지 이런 일이 있었어요'라며 말을 시작하자마자 관계가 역전됩니다. 아버지는 아들의 모든 말을 거짓말이라며 꾸짖고 자신의 모든 거짓말도 진실이 아닐 리 없지 않느냐며 화를 냅니다. '이 녀석아, 너에게는 러시아의 친구란 없어!'라고 했다가, '실은 내가 그 러시아 녀석을 아들처럼 대해 왔어'라며 도무지 어느 장단에 춤을 춰야 할지 모르는 말을 계속 하는 거예요. 아버지는 아들이 '아버지'라고 부르기 전에는 존재감이 하나도 없었어요. 그런데 일단 아버지가 되어 버리면 아들의 생사여탈권을 쥐게 됩니다. 그러니까 게오르크는 꼼짝없이 아버지를 사랑했다며 강물에 몸을 던질 수밖에 없는 거죠.

「시골의사」라는 작품에서도 아버지와 아들 구도에서와 비슷한 일이 벌어집니다. 「시골의사」는 『변신』의 후속판이라고도 할 수 있는데요. '아버지-어머니-아들-여동생'으로 이루어진 가족들이 어떻게 아들의 피를 빨아먹으며 사는지, 그 초반 설정이 『변신』과 대단히 비슷하거든요. 그렇지만 여기서는 그냥 부자관계에만 초점을 맞추어 먼저 말씀을 드려보겠습니다. 여기서 주인공은 시골의 한 공의(公醫)입니다. 그가 우연히 한 환자를 치료하러 갔다가 그 가족들에게 잡혀 먹힐 뻔하게 된다는 이야기인데요. 이 과정이 참 재미

있게 그려집니다. 환자를 딱 봤더니 옆구리에 구멍이 나 있는데 그 안에 손가락만 한 벌레들이 우글거리고 있지 않겠습니까? 벌레들은 빨간 피를 여기저기 묻힌 채 몸을 나왔다가 들어갔다가 하고 있었습니다. 의사는 별로 놀라지도 않고요. 잠깐 작품을 읽어 보고 갈까요. 카프카가 친밀한 혈족주의를 어떤 식으로 혐오하는지를 보고 가지요.

나는 이제 발견한다, 정말로 소년이 아프다는 것을. 그의 오른쪽 옆구리, 허리께에 손바닥만 한 크기의 상처가 벌어져 있었다. 상처는 여러 가지 농담(濃談)의 장밋빛, 깊은 곳은 진하고 가장자리께로 올수록 열어지며 고르지 않게 모인 피로 연하게 오돌토돌한 것이 파헤친 광산처럼 열려 있었다. 그것은 멀리서 본 모양이다. 가까이에서 들여다보니 더 심한 상태가 나타났다. 누가 그것을 나직이 으흑 소리를 토하지 않고 들여다보겠는가? 굵기와 길이가 내 작은 손가락만 한 벌레들이 본디 색깔에다가 피까지 뿌려져 분홍색으로, 상처의 안쪽에 들러붙은 채 조그만 흰 머리와 수많은 작은 발들로 빛 있는 쪽으로 꿈

S' ist nur ein Arzt.

일본의 야마무라 코지(山村浩二) 감독이 애니메이션화한 「시골의사」
의 한 장면. 환자를 치료하기 위해 왕진 온 의사는 보살핌을 받는 위치
에 처하자마자 그 집의 아들처럼 붙잡혀 침대에 눕혀진다. 야마무라 코
지의 작품은 유튜브를 통해 볼 수 있다([일본어판]https://www.youtube.
com/watch?v=qnKaDW5g9Wc, [독일어판]https://www.youtube.com/
watch?v=jHPVIO0pOYc. 다음의 큐알코드를 통해서도 접속할 수 있다).

 일본어판   독일어판

틀거리고 있었다. 불쌍한 아이야, 너를 도울 길이 없구나.(『변신·시골의사』, 전영애 옮김, 민음사, 1998, 101쪽)

네, 이런 광경을 보고 안 놀란다는 것이 놀랍지요. 카프카는 그 어떤 일도 놀랄 만하다고 보지 않습니다. 놀란다는 의미에서 어떤 일이 상식 밖이라든가, 참으로 상식적이라든가 하게 되면 그 일이 특별히 중요한 위치를 갖게 되니까요. 카프카는 특정한 사건이 소설에서나 삶에서 특별한 지위를 갖는다고 보지 않았습니다. 뭐든 일어날 수 있는 게 인생이라는 것이죠!

아무튼 의사는 환자를 치료해 주려고 이리저리 살피면서 진단을 합니다. 그런데 환자 쪽으로 고개를 숙이면서 아들 침대에 자꾸 몸을 가까이 하게 되니까 이상한 일이 벌어집니다. 환자의 아버지가 불쑥 다가와 옷을 벗겨 주고 술을 건네면서 아들처럼 이 의사를 대하는 거예요. 방안에 불을 너무 많이 때서 그런지 갑갑하기도 해서 의사는 상의며 하의며 차차 벗게 되는데 그러다가 아예 환자 옆에 눕게 됩니다. 아들의 피 묻은 침대에 자기 몸을 눕힘으로써 그 집의 아들

❝

아버지는 아들이 '아버지'라고 부르기 전에는 존재감이 하나도 없었어요. 그런데 일단 아버지가 되어 버리면 아들의 생사여탈권을 쥐게 됩니다. 그러니까 게오르크는 꼼짝없이 아버지를 사랑했다며 강물에 몸을 던질 수밖에 없는 거죠.

이 되고 말아요. 누군가가 끊임없이 보살펴 주고 걱정해 주어야 하는 위치에 다가가자마자 의사는 돌연 아들의 포지션을 갖게 되고, 그런 다음에는 꼼짝없이 그집에 붙들릴 위험에 처하고 마는 겁니다.

무섭지요. 순간입니다. 나 자신을 어떤 도움과 지지가 필요한 위치에 둔다는 것은. 카프카는 이 환자의 집을 열기로 숨이 막히는 공간으로 그립니다. 모름지기 스위트 홈이라면 겨울날 응접실 벽난로에서 따뜻하게 장작이 타고 있어야 하는데, 카프카는 그런 클리셰를 비틀어서 그 안에 있다가는 숨 막혀 죽는다고 하는 거죠. 이것이 카프카식 유머입니다(^^).

아들이 된 의사는 결국 목숨을 걸고 그 집을 빠져나옵니다. 빨가벗은 몸에 외투 하나만 겨우 걸친 채말이지요. 그러고는 자신의 집으로 돌아가지도 못합니다. 하녀가 자신을 기다리는 집으로는 돌아갈 수 없는 거지요. 이제 누군가의 남편, 누군가의 아버지가된다는 것은 삶에 굴레를 만드는 일임을 알게 되었으니까요.

「재칼과 아랍인」: 공동체, 한 줌의 기억으로 짠 그물

가족의 확장판은 공동체입니다. 카프카가 세 번의 약혼을 통해 가족 관계를 새롭게 정의하고 시험하려고 했듯이 공동체 역시 그에게는 중요한 관심사였습니다. 카프카에게는 '다르지만 함께'가 너무나 중요한 화두였어요. 삶의 무게 중심을 여기저기로 옮기면서 새로운 관계 방식을 끝까지 실험하는 것, 그것이 카프카가 원하는 '가족-공동체'였습니다. 체코민족만의 공동체, 유대민족만의 공동체가 아니라 고길동 씨네 집처럼 아저씨도, 아기도, 공룡도, 흑인도, 심지어 타조도 함께 사는 가족-공동체. 그것은 어떻게 가능한가?

일단 그것이 왜 불가능한가부터 살펴보도록 하겠습니다. 그것이 불가능한 이유도 뭐 대단하지가 않습니다. 「공동체」라는 작품을 보면 헛웃음만 나옵니다. 이 작품은 '우리는 다섯 친구들이다'라고 시작하는데요. 왜 다섯으로 뭉쳐 있게 되었냐면 그냥 수은 방울이 미끄러지듯 대문 앞에 첫째, 둘째, 셋째, 넷째, 다섯째가 맞붙어 서게 되었다는 거예요. 문제는 그다음

인데 여섯째가 미끄러져 왔는데 '그냥' 이걸 못 참겠는 거죠. 여섯째가 뭐 특별히 이상하게 생겼다거나 큰 결함이 있어서가 아니라 우리는 그냥 그를 잘 모르겠고, 그렇다고 하나부터 다섯까지가 서로를 잘 아느냐하면 그것도 아니지만, 아무튼 그를 받아들이기 싫다는 겁니다. 그냥 '우리 다섯에게는 가능하고 또 견딜만한 모든 것이 저 여섯번째에게는 안 되는 걸 어쩌란 말이냐!'라는 겁니다.

카프카가 보기에 공동체가 공동체인 까닭에는 어떤 선한 이유도 없습니다. 아니, 이유 자체가 없어요. 그냥 살다 보니, '그랬다'의 기억이 자동반복된 탓에, 여섯째가 귀찮아졌고, '그냥' 그러고 싶은 바를 유지하고 싶으니까 다섯의 공동체가 되었다는 건데요. 카프카가 당대 민족주의를 보는 관점이 바로 이랬던 거죠. 체코민족이든 유대민족이든 그냥 이유 없이 뭉치고 있는 겁니다. 그런데 이 '그냥'을 번역하면 여섯째 내쫓기가 되는 거죠. 가족-공동체의 작동 방식은 이처럼 단순한데, 여기에 대고 어떤 명분이나 가치를 부여하고 있으니, 위선적이었습니다.

그런데 카프카는 이 작품을 이대로 끝내지 않습

프라하의 유대인 묘지. 1478년부터 1787년까지 프라하에서 유대인의 매장이 허용되었던 유일한 장소로, 비좁은 공간으로 인해 여러 겹의 매장이 이루어졌다고 한다.

니다. 뒤가 더 재미있죠. 아무리 밀쳐내도 여섯번째는 다시 온다고 하니까요. 어떤 집단도 고유성을 주장하는 데에는 한계가 있습니다. 무리를 이탈하고자 하는 욕망, 다른 무리에 진입해 보려는 욕망은 자연발생적입니다. 카프카는 그 어떤 인간도 주어진 조건에 만족하며 살 수는 없다고 하는 거죠. 카프카의 우주 안에서 '나'는 늘 다른 삶을 꿈꿀 수밖에 없는 존재로 나옵니다. 나는야 여섯째!

다른 삶을 꿈꾸려고 하는 자는 슬며시 무리에서 이탈하여 다른 무리로 슬쩍 옮겨가는 시도를 하게 됩니다. 저는 여기서 '슬며시'라든가 '슬쩍'이라는 표현을 좀 더 강조하고 싶은데요. 왜냐하면 「공동체」라는 작품에서도 나오지만 카프카는 이 공동체가 나쁘다, 좋다라고 평가하지 않습니다. 이 무리를 이탈하는 이유도 '그냥'입니다. 그냥 다만 이렇게만은 살고 싶지 않기 때문이지, 이 삶 자체를 부정할 필요는 없거든요. 아버지가 아무리 부덕하다고 해도 그 아버지 덕분에 삶을 살 기회를 얻지 않습니까. 물론 아버지가 아무리 훌륭하다고 해도 그 위대함 밑에서는 아버지처럼밖에 못 살지요. 인간을 혐오한다고 해서 갑자기

잠자리나 거북이가 될 수는 없지 않습니까? 지금 여기에서, 나에게 주어진 조건 속에서, 살길을 모색해야 합니다. 어떤 선험적인 상을 만들지 말고요.

카프카에 따르면, 아버지와 함께 즉 내게 주어진 조건과 함께 어떻게 다른 관계를 만들어 낼 것인가의 고민 속에서, 나는 슬며시 생각해 왔던 가족 관계라든 가 사회 안에서의 내 자리에서 이탈하게 됩니다. 그런 데 여기서 또 강조해야 할 것은, 카프카식의 '슬며시 이탈'과 '슬쩍 한 진입'은 A공동체에서 B공동체로의 이동이 아니라, A공동체를 A라고 하기엔 좀 어색한 어떤 공동체로 바꾸어 버리는 실험 같은 것입니다. 우리는 『변신』을 떠올려야 합니다. 그레고르가 갑충이 되었을 뿐인데, 굽어 있던 아버지의 등이 펴지고, 얌전했던 여동생이 광폭해집니다. 집은 하숙생들의 놀이터가 되고요.

그런데 '슬며시'와 '슬쩍'이라고 해도 이런 시도를 하지 않는다면 정말 큰일이 납니다. 카프카는 이런 사태를 대단히 경계하면서 「재칼과 아랍인」을 썼습니다. 이 작품에는 사막에 사는 재칼들이 나옵니다. 이들은 자신들을 괴롭히는 아랍인들을 일거에 처리해

줄 북쪽으로부터 내려올 구원자를 기다리고 있습니다. 뼛속까지 깨끗해지고 싶은데 아랍인들이 자꾸 자신들을 비참하고 더럽게 죽게 만든다면서요. 그들의 어머니가 기다렸고, 그 어머니가 기다렸고, 그 어머니의 어머니도 기다렸으니 자신들도 메시아를 기다리는 것이 당연하다는 거죠. 딱 「공동체」의 재칼 버전입니다.

이 작품의 끝에서 재칼들은 아랍인의 채찍을 맞으면서도 그가 던져 준 낙타 고기를 무섭게 뜯어 먹습니다. 재칼들은 아랍인이 자신을 먹여 살린다는 점을 잘 알고 있기에 두려워하면서도 그들에게 복종하며 사는 길을 선택했던 거예요. 고기는 얻어먹고 싶은데 채찍은 맞기 싫으니 누군가 채찍을 치워 주기만을 바란 거지요. 카프카는 이들의 이기적인 어리석음을 무시무시하게 그립니다.

그 시체가 놓이자마자, 재칼들은 목소리를 높였다. 재칼들은 하나하나가 마치 밧줄에 묶여 어쩔 수 없이 잡아당겨지듯이, 몸을 뒤로 빼면서, 배를 땅바닥에 질질 끌면서 다가왔다. 그것들은 아랍인들을 잊

❝

어떤 집단도 고유성을 주장하는 데에는 한계가 있습니다. 무리를 이탈하고자 하는 욕망, 다른 무리에 진입해 보려는 욕망은 자연발생적입니다. 카프카는 그 어떤 인간도 주어진 조건에 만족하며 살 수는 없다고 하는 거죠. 카프카의 우주 안에서 '나'는 늘 다른 삶을 꿈꿀 수밖에 없는 존재로 나옵니다.

어버렸다. 증오심도 잊어버렸다. 김이 무럭무럭 올라오고 있는 시체의 현존이 모든 것을 녹여 버렸고, 다만 그것들을 매료시켰다. 벌써 한 마리가 목에 달라붙었고 단번에 동맥을 찾아냈다. 가망은 없어도 거대한 불을 어떻게 해서든지 끄려고 미친 듯이 뿜어대는 작은 펌프처럼, 그것의 몸의 모든 근육은 제자리에서 늘어나기도 하고 경련을 일으키기도 했다. 그러자 이미 모두가 같은 일을 하면서 그것들은 시체 위에 산을 이루고 있었다.(「재칼과 아랍인」, 『변신』, 이주동 옮김, 솔, 2017, 232~233쪽)

자기가 어떻게 살아야 할지를 다른 사람에게 의탁하는 공동체란 늘 굶주려 있는 무리이며, 살기 위해서라는 이유로 먹어야 할 것 먹지 말아야 할 것을 가리지도 못하고 시체 위에서 꿀떡거리며 피를 둘러쓰고 같이 숨 쉬는 사이라는 거지요.

「가장의 근심」: 기원도 없고 목적도 없건만!

카프카는 '나는 이런 사람이니, 이렇게 살아야 한다' 라고 하는 정체성에 대한 강박을 대단히 경계했습니다. 자기 개성을 확립하고 정체성을 공고히 할 수 있어야 이 급변하는 세상에 발 딱 붙이고 잘 살 수 있는 시대가 근대인데 말이지요. 너는 '라바콜'이 아니야? 너는 체코 시민이 아니야? 너는 독일어로 글 쓰지 않아? 도대체 넌 뭐야? 넌 누구야? 카프카 자신은 끊임없이 이런 질문에 시달렸을 겁니다. 그런데 카프카는 살며시, 좀 이상한 대답을 했습니다. '나의 코는 라바콜이고 나의 다리는 체코식이고 나의 손은 독일제야' 라고요. '그 누구도 아니지만 무엇이든 되고 있는 존재'라는 뜻입니다.

카프카가 쓴 「튀기」라는 작품을 보면 그가 개체를 어떻게 보았는지 알 수 있습니다. '튀기'란 소위 이종교배되어 태어난 동물을 뜻하는데, 카프카는 이종만이 아니라 온갖 종들이 다 뒤섞이고도 모자란 것으로 이 녀석을 정의합니다. 원래부터 반은 고양이 새끼이고 반은 양 새끼인데 고양이로부터는 머리와 발톱을

양으로부터는 크기와 모양을 받았다는 거예요. 이 뒤섞임은 매번 다른 방식으로 배합 방식을 바꾸는데요. 심지어 최근에는 고양이이면서 양인 것도 모자라 개이고도 싶어하게 되었다네요. 자기 살갗을 비좁아한답니다. 요즘 말로 '하이브리드'라고 할 수 있겠네요.

카프카는 인간이란 아래에서 위로 자라는 것이 아니라 안에서 밖으로 자란다고도 했는데요. 내가 어떤 인간인가는 규정할 수가 없다는 겁니다. 어떤 존재도 늘 '자기'라고 하는 틀 안에 갇혀 있을 수 없어서 끊임없이 다른 방식으로 '자기'를 벗어나 다른 모습을 취하고 있다는 거지요. 그런 진실을 무시하고 '나는 이런 사람이다!'라고 선언하는 순간 온 사방으로 이탈하려고 하는 욕망들은 옳지 않은 것으로 비판받고 거세되지요. 카프카는 왜 우리가 자기 정체성을 그렇게까지 고집해야 하는지, 당신은 왜 그렇게 성, 직업, 나이라고 하는 규정을 필요로 하는지를 반대로 물었던 겁니다.

카프카가 보기에 '나는 이런 사람이니, 이러저러한 것들을 갖추고 있어야 해'라는 식으로 생각하기 시작하면 남는 것은 불안뿐입니다. 집이나 차 같은 물건만이 아니라 토끼 같은 자식 여우 같은 아내, 더 나아가면 초등에서 대학까지를 내달리는 학교생활, 아시아에서부터 유럽까지를 주파하는 해외여행 등 어떤 경험마저 필수로 간주하게 되면 어떻게 될까요? 우리 시대의 '가족'이란 이런 것들을 주워 담는 틀이죠. '가족'이라는 그릇은 너무 넓고 깊어서 아무리 들이부어도 다 차지를 않습니다. 그래서 우리는 늘 허덕입니다. 늘 뭔가 아쉽고 부족한 상태이기에 발을 동동 구르면서요. "어쩌지, 어쩌지" 하면서….

카프카는 이 불안을 부추기는 요인을 하나 더 꼽습니다. 실은 그 틀에 구멍이 나 있다는 건데요. 언제나 괴상한 욕망과 이해할 수 없는 일들이, 마치 「공동체」의 여섯번째 아이처럼 찾아오기 때문에 갖추어야 할 것들을 채우는 것도 힘들지만 여섯번째 아이 내보내는 일에도 어지간한 노력이 필요하게 된다고 말합니다. 이 여섯번째 아이를 카프카는 「가장의 근심」이라는 작품에서 '오드라덱'(Odradek)으로 묘사합니다.

'오드라덱' 처음 들어 보시죠? 네, 저도 처음 들어 보고 카프카도 처음 들어 보았다고 합니다(^^). 이름의 어원은 슬라브어라고 하는데, 그것도 사람들마다 의견이 분분해서 누군가는 독일어에서 나왔고 슬라브어에서 영향을 받았다고도 하고요. 생김도 대단히 웃깁니다. 끊어진 실타래가 얼기설기 뭉쳐 있는 것으로 납작한 별 모양 비슷한데, 별 중간에 횡으로 막대기가 하나 나와 있고 이 막대기와 맞닿아 오른쪽 모서리에 또 막대기가 나와 있는데요. 뭐 어떻게 보면 마치 두 다리가 있는 형상이라고 합니다. 그려지세요? 저는 도대체 어떻게 생겼는지 전혀 짐작이 가지 않습니다. 납작한 별의 어느 모서리를 말하는지, 다른 방향으로 솟아 나 있는 막대기를 도대체 어떤 위치에서 봐야 두 다리가 되는지.

그렇습니다. 이 형상의 핵심은 그 누구도 합의할 수 있는 형상이 아니라는 데에 있습니다. 생각하기에 따라서 저마다 다른 별 모양의 실뭉치를 상상할 수밖에 없습니다. 「가장의 근심」은 이런 뭉치가 집 안을 돌아다녀서 가장이 너무 괴롭다, 이게 다입니다. 그런데 이 말도 안되는 장난감 같은 것이 하필 왜 가장을 괴롭힌단 말입니까?

당연합니다. 오드라덱의 형상은 그것이 아무런 목적도 없는 존재라는 것을 의미하는 거거든요. 우리

오드라덱의 상상도. 카프카의 묘사에 따라 그려 보아도, 이것이 무엇인지, 왜 이것이 집 안을 돌아다니는 것인지는 알 수가 없다. 집안을 질서 짓고 그 위에 군림해야 하는 '가장'의 입장에서 이것보다 더 큰 근심은 없을 것이다.

주위에도 이런 존재는 차고 넘치죠. 아이들이 딱 그렇습니다. 아이들이 노는 것을 보면 기가 찹니다. 어디서 저런 잡동사니를 끄집어내서 노는지요. 저는 아이들에게 번듯한 블록 집이라도 한번 지어 보라고 큰 맘먹고 레고를 사준 적이 있었는데요. 빨간색 블록들 가지고는 김치 만들고, 녹색이며 다른 색 블록들로는 대충 네모지게 만들어서 전화기라며 들고 다니더라구요. 방에 널부러져 있는 장난감들을 좀 정리할라치면아이들은 질색을 하는데요. 제가 보기에는 연필과 블록과 휴지가 같이 뒤엉켜 있는 것이 꼭 쓰레기 같은데아이들에게는 어떤 기능이 있는 '무엇무엇'이라는 거예요. 자기 말고 다른 사람은 쓸 수도 없는 참으로 고유한 목적이 있다는 거죠. 한데 그렇게 중요하다고 난리치다가도 학교 간 틈에 치워 놓으면 없어진 줄도 모르죠. 사물에 정해진 목적이 따로 없기 때문에 귀가길게 나온 털모자를 가방이라고 들고 다닐 수 있고요. 집을 좀 깨끗하게 치워 놔야 밥도 먹고 잠도 잘 수 있을 것 같은 엄마 입장에서는 엉망진창이지만. 밥을 식탁에서 먹어야 하는 이유, 잠을 9시에는 자야 하는 이유가 따로 없는 아이들에게는 먹고 자는 일에 엄청나

❝❝

카프카는 인간이란 아래에서 위로 자라는 것이 아니라 안에서 밖으로 자란다고도 했는데요. 내가 어떤 인간인가는 규정할 수가 없다는 겁니다. 어떤 존재도 늘 '자기'라고 하는 틀 안에 갇혀 있을 수 없어서 끊임없이 다른 방식으로 '자기'를 벗어나 다른 모습을 취하고 있다는 거지요.

게 많은 방법이 있을 수 있겠죠.

이 작품에서 가장은 아버지입니다. 자식을 낳아 자기 재산과 가훈을 대물림하려는 사람이지요. 그래서 아버지가 두려워하는 겁니다. 오드라덱은 절대로 자기 집을 떠나지 않을 테니까요. 오드라덱이 알아서 죽을 일도 없거든요. 왜냐하면 그는 기원도 없고 목표도 없으니까요. "죽는 것은 모두가 그 전에 일종의 목표를, 일종의 행위를 가지며, 거기에 부대껴 마모되는 법이거늘 이것은 오드라덱의 경우에는 해당되지 않는다"(「가장의 근심」, 『변신·시골의사』, 전영애 옮김, 민음사, 1998, 193쪽). 목적이 따로 없으니 살아 볼 경우의 수가 얼마나 많겠습니까?

이 근심을 끊어 내려면 어떻게 해야 할까요? 간단합니다. 가족 안에는 늘 오드라덱이 돌아다닌다는 것을 인정하면 됩니다. 내가 내 삶에서 당연하다고 생각하는 것들, 있어야 마땅하다고 본 것들, 그런 것들만 있지 않다고요. 밥솥과 신발과도, 심지어 집 안을 뒹구는 먼지와도 함께 놀아 볼 길은 얼마든지 있다고 생각하면 오드라덱은 두려움의 대상이 아니라 좀 다른 방식으로 살 길을 열어 주는 계기가 됩니다.

아이들이 말도 잘 듣고, 밥도 잘 먹고, 공부도 잘 하면 뭐 좋기야 하겠지만 설마 그런 일만 하려고 이 세상에 태어났을까요? 제가 카프카 소설들을 읽으면서 받은 가장 큰 선물은 그런 여유였습니다. 오드라덱을 알게 된 뒤부터 저는 '내가 설마 여자이기만 하겠어?', '엄마이기만 하겠어?', '공부는 왜 책을 갖고 해야 하는 건데?', '여행이 꼭 어디 먼 데 가야 되는 일이야?' 하는 생각이 슬쩍슬쩍 들어서 훨씬 더 느긋하게, 먹고 걷게 된 것 같아요. 아이들한테 '너 왜 이빨 안 닦아?', '너 왜 아직까지 안 자?' 하는 채근도 좀 덜 하게 되고요. 물건을 잊어버렸을 때도 제 기억력을 탓하기보다는 '이 집에 오드라덱이 산다~' 하면서 좀 천천히 생각합니다. '꼭 있어야 할 것이란 없다'라고 생각하면 마음이 편합니다(^^;).

아비가 있어도

아이는 자란다

Kafka 3부

『변신』: 집 안의 갑충으로

이제 마지막으로 카프카가 어떻게 아버지의 집에서 오드라덱이 될 것인지, 그 구체적인 실행 계획을 밝힌 작품을 살펴보도록 하겠습니다.

아버지와 아들을 다루는 것이 카프카만의 장기라고는 할 수 없습니다. 저 위대한 고대 그리스의 시인 헤시오도스가 『신들의 계보』를 쓸 때부터 아버지는 아들을 못마땅해하고, 아들은 그런 아버지를 잡아먹기 위해서 온갖 수를 다 써 왔거든요. 그렇지만 이런 부자 갈등이 시대의 한 조류로 전면화된 것은 근대에 들어와서고, 특히 19세기 말과 20세기 초 독일어 문화권의 청년들 대부분은 속악(俗惡)한 아버지로부터의 독립을 예술의 전면적인 화두로 삼았다고 합니다. 강의 도입부에서 말씀드린 헤르만 헤세의 『수레바퀴 아래서』도 '아버지'를 '국가, 사회, 가족'을 대표하는 권위적이고 가부장적인 시스템의 상징이라고 보았습니다. 독일의 아나키스트 에리히 뮈잠은 권위와 강요, 전통과 교육, 학교와 부모에 반기를 든 젊은이들이 조직되어 아버지 세대에 반하는 청년들 각자의 인격을 주장하게 되었다고도 말합니다. 카프카의 작품들도 겉으로만 보면 이런 분위기에 빠져 있는 것 같습니다. 카프카의 첫 단편에서는 아예 '집을 떠나자!'(「국도의 아이들」)라고도 하니까요.

더하여 20세기는 정신분석학의 시대라는 점도 말씀드려야 할 것 같습니다. 개인의 주체화 과정을 가족 드라마 안에서의 부자 갈등으로 설명한 프로이트의 심리학은 큰 설득력을 얻었습니다. 어머니와의 원초적인 합일을 위해 아버지를 극복하고, 권위적인 아버지의 역할을 수용함으로써 스스로를 사회화시켜야 하는 것이 인간의 운명이라는 거예요. 그래서 특히 부자 갈등이 전면화되어 있는 카프카의 작품을 오이디푸스 콤플렉스로 해석하는 일도 빈번합니다.

그런데 작품을 잘 들여다보면요, 오이디푸스 콤플렉스에는 들어맞지가 않습니다. 카프카가 그려 낸 아버지들은 권위로 아들을 억압하지도 않고, 가족 전체를 장악하지도 못하거든요. 또 작품에서 어머니는 아버지의 분신처럼 나옵니다. 아들이 욕망하는 대상이 아니라, 아들에게 귀찮거나 아예 눈에 들어오지도 않는 존재예요. 게다가 여동생이 문제죠. 때로는 오빠

라이오스 왕을 죽이는 오이디푸스. 프로이트는 아버지를 죽이고 어머니를 욕망하는 오이디푸스적 구조를 근대적 가족의 핵심으로 상정한다. 하지만 카프카의 작품 속에서 아들들은 아버지와 맞서거나 아버지를 극복할 의지가 없다. 결국 오이디푸스의 아들들은 아버지의 질서를 내면화하여 새로운 아버지가 되지만, 카프카의 아들들은 아버지의 집을 떠도는 알 수 없는 존재가 된다. 대드는 아들보다 이 편이 더 큰 '가장의 근심'이다.

에게 욕망의 대상이 되기도 하지만 본질적으로 이 딸이 넘보는 것은 아버지의 지위라서, 실제로 『변신』 같은 작품을 보면 여동생 그레타가 오히려 아버지의 왕국을 계승하는 것처럼 그려져요. 무엇보다 카프카의 아들들은 아버지의 자리를 넘보는 것이 아니라 집안의 하인들, 가게의 점원들, 관공서의 세탁부들 자리로 슬그머니 옮겨갑니다. 가족 안에 반쯤 발을 걸치고 있는 외부자들을 향해 촉수를 뻗치는 거예요. 간단히 정리하자면 아들은 아버지를 '극복'할 의사가 없습니다. 좀 다르게 관계를 맺고 싶을 뿐이에요.

　제가 계속 말씀드리겠지만, 카프카의 아들들은 절대로 아버지의 집을 박차고 나가지 않습니다. 아들은 아버지의 집에서 '많은 발을 쳐들고 기어 다니기로' 결심할 뿐입니다. 그는 아버지의 권위에 굴복하지도 않고, 달려들지도 않습니다. 그레고르를 보세요. '갑충'으로서 '개기는' 거죠. 웃기는 점은 아들이 벌레가 되니까 이 아버지가 완전히 당황한다는 거예요. 말귀를 알아듣지도 못하고 그렇다고 처치하기도 힘들고, 굶길 수도 없고 먹일 수도 없고, 이런 놈을 자식으로 보기도 그렇고 안 보기도 그렇고. 상황 자체가 너무 답답해진 나머지, 아버지는 발을 구르며 꽥 소리 치다가 지쳐 버립니다. 아들의 입에서만 '쉿쉿' 소리가 나오는 게 아니라, 발이 많아진 아들 덕분에 아버지도 평생 처음으로 '씩씩' 소리도 한번 내보는 존재가 된 거죠. 답답하다 못해 속이 터져서 자식에게 사과를 던져 죽이려는 사람을 아버지라고 할 수는 없겠지요. 갑충—그레고르는 자신의 변신과 함께 아버지마저 아버지 아닌 사람으로 바꾸었어요. 그럼으로써 자기 가족을 변질시켰죠.

아버지의 집에서 아들로 살지 않고, 오드라덱으로 지내기 위한 첫번째 전략은 변신입니다. 도대체 갑충이 된다는 것이 어떤 일일까요? 카프카는 여기서 많은 발을 강조했는데요. 그것도 곤충의 발입니다. 인간의 발과 곤충의 발을 같은 발이라고 할 수는 없지요. 게다가 곤충은 천장에도 붙어 있을 수가 있죠. 저는 카프카의 많은 발에 대해 생각하다가 이마를 탁 하고 친 적이 있었는데요. 그레고르 씨가 인간으로 머물던 그 방과 갑충으로 더듬던 그 방의 부피와 밀도가 완전히 다르겠구나 싶었기 때문이에요. 완전히 다르죠. 우주에 가면 중력이 없어서 비좁은 우주선 안의 육면이 모두 활용가능한 면으로 작동하기 때문에 실제로 우주인이 느끼는 공간감은 훨씬 더 넓다고 하더라고요. 마찬가지죠. 변신과 함께 그레고르의 삶의 반경은 넓어진 겁니다. 삶은 우리가 움직이는 경로만큼 늘어나고 커집니다.

우리는 카프카가 왜 '변신' 즉 척도를 계속 바꾸고, 다른 방식으로 삶을 실현하는 일이 감각을 바꾸는 일이라고 했는지 조금 더 생각해 봐야 하는데요. 갑충─그레고르처럼 신선한 우유는 불쾌하게, 썩은 음식은 달콤하게 느끼는 것 자체가 삶의 무게 중심을 바꾸는 일이라는 거죠. 무거운 것은 가볍게, 중요한 것은 사소하게, 그 반대도 마찬가지예요. 갑충에게 출근이 무슨 의미가 있겠습니까? 자기만 바라보고 있는 가족이 있는 가장에게나 그렇지요. 내가 중요하다고 생각하는 모든 일들, 나를 지금 이렇게 살도록 몰아세우는 가치들, 그런 것은 겨우 내 입장에서 구상된 것일 뿐입니다. 내 몸은 그런 식으로 가치 평가된 것들을 '좋다'라고 여기고 반응하고 있기 때문에, 카프카는 순서를 바꾸어서 길들여진 입맛, 습관, 태도, 그런 것들을 바꾸면서 내가 중요시했던 가치들의 무게를 덜라

"

카프카의 아들들은 절대로 아버지의 집을 박차고 나가지 않습니다. 아들은 아버지의 집에서 '많은 발을 쳐들고 기어 다니기로' 결심할 뿐입니다. 그는 아버지의 권위에 굴복하지도 않고, 달려들지도 않습니다.

는 거죠.

그래서 카프카식 변신은 어렵지가 않습니다. 어제까지 가보지 않았던 길을 가고, 먹지 않았던 것을 먹어 보고, 만나지 않았던 사람에게로 고개 돌리는 것으로 이미 충분하거든요. 그리고 내가 조금만 다른 방식으로 걷고 말하고 먹고 마셔도 주변의 모든 관계에는 균열이 일어납니다. 그레고르는 늦잠 한번 잤을 뿐인데 아버지, 가족들, 심지어 직장 상사의 일상마저 다 파괴되었잖아요.

『실종자』: 무리 속 아나키스트로

카프카에게 '갑충 되기'란 자기가 꾸리고 있는 삶의 테두리가 전부가 아니라고 생각하는 일입니다. 카프카가 보기에 삶에는 어떤 전형도 있을 수가 없어요. 아버지라든가, 어머니라든가, 자식이라든가. 뿐만 아니라 돈을 얼마만큼 벌어야 한다든가, 공부는 학교에서 해야 한다든가, 돈을 벌어 어떻게 써야 한다든가 등. 무수한 길이 가능하다는 거죠. 오드라덱처럼 말이에요. 그래서 이렇게 살고 있는 사람은 어떻게 규정할 방법이 없습니다. 카프카가 자기 삶의 반경을 계속 넓히고, 다시 말해 계속 사는 방법을 조금씩 조금씩 바꾸어 보는 실험을 하는 사람은 어떻게 될까를 고민한 작품이 있는데요, 바로『실종자』입니다.

『실종자』는 카알 로스만이라는 청년이 원래는 유럽 사람인데, 하녀와의 사이에서 실수로 아이를 갖게 되어 부모님의 명예를 실추시킨다는 이유로 쫓겨나 아메리카에 도착하는 이야기입니다. 아메리카에서 어쩌다가 이민 와 자수성가한 외삼촌을 만나 부잣집 도련님으로 좀 떵떵거려 보기도 하고, 그의 연애를 허락하지 않는 삼촌에게 버림을 받아 들판을 전전하기도 하고, 옥시덴탈 호텔에서 엘리베이터 보이로 일하기도 하고, 어느 여배우의 하인으로 고용도 되었다가 마지막에는 오클라호마라는 곳의 유랑 서커스단 단원이 된다는 이야기입니다. 앞에서 살펴 본『선고』는 비교적 짧은 작품인데도 그렇게 황당했는데요.『실종자』는 장편입니다. 그래서 더욱 황당하지요. 외삼촌의 집에서 호텔을 거쳐 서커스단에 이르기까지의 경로가 아무런 이유도 없이 맞붙어 있기 때문입니다.

이것이 실로 카프카 스타일이죠. 카프카는 블록 장난감으로 아이들이 소꿉장난하듯, 이렇게 붙여서 이야기를 꾸미고 저렇게도 붙여서 이야기를 꾸미려 했습니다. 그래서 장면 장면의 인과관계보다는 장면들 각각을 독자가 어떻게 자르고 붙여서 어떤 의미를 만들어 볼까 하는 과제만 남아요. 제가 가족이라는 관점에서 읽었기 때문에 카프카의 작품을 부자 관계나 공동체의 여러 상태라는 측면에서 재단하게 되었는데요. 사실 카프카의 말대로라면 그의 작품은 무수히 다른 방식으로 읽어 낼 수 있습니다. 작가가 블록 조각을 제공하기는 했지만 그 안에서 의미를 만들어 낼 사람은 독자라는 점에서, 카프카는 자기 작품의 아버지, 즉 자기 작품의 권위자이자 그 의미를 소유한 '아버지'의 지위도 내려놓은 셈입니다.

카알 로스만은 뭐 갑충이 된다든가 하는 극단적인 외형 변형은 보여 주지 않습니다. 게다가 처음에는 외삼촌의 집에서 호의호식하면서 어떻게든 좀 편리를 누리면서 안락하게 잘 지내 볼까 궁리도 하고요. 하지만 오드라덱은 늘 돌아다니기 때문에, 그도 외삼촌이 시키는 대로만은 살 수가 없는 거예요. 그래서 그냥 이웃집 아가씨 한번 만나려고 고개를 돌렸는데, 그러자마자 외삼촌도 못 보고 그냥 저택에서 쫓겨나게 됩니다. 「시골의사」가 떠오르시죠? 카프카의 세계에서는 보호받아야 할 제스처 하나만 취해도 금방 아버지가 나타나고, 아버지(『실종자』의 경우에는 외삼촌)의 눈길이 미치지 않는 어떤 풍경을 주시하기만 해도 아버지의 집에서 빠져나올 수가 있습니다.

카프카는 아버지를 아버지로 만들어 주는 것은 지시와 허락을 필요로 하는 아들 때문이라고 보았죠. 또 그런 아버지가 있기에 평생 아들이 아버지 눈치만 보고 살게 되지요. 카프카는 아버지와 아들 관계가 공생산(共生産)된다고 보았습니다. 그런데 실제로 우리 인간사에는 아버지와 아들 관계만 있는 것은 아니죠. 나는 누군가의 아들이기도 하지만 누군가의 아버지이기도 하고, 같은 아버지 밑에는 여러 형제들이 있으며 가족 밖에는 또 무수한 직업과 일들 속에 다 역할들이 있습니다. 이 모든 것이 서로서로 맞물려서 작동되기 때문에 나사 하나만 빠져도 전체 배치에 균열이 생기고 작동이 매끄럽게 안 됩니다. 그레고르가 지각한 번 했는데, 그러자마자 회사 상사가 방문 앞에 와 있는 것을 생각해 보세요. 모든 관계가 서로를 즉각 동시생산하기 때문에 어느 한 순간만 어긋나도 전체가 고장이 납니다.

카프카는 카알 로스만이 아메리카 대륙 전체를 그런 식으로 여기저기 고장 내면서 돌아다니는 작품을 쓰고 싶었던 것 같습니다. 『실종자』는 중반까지, 대략 그 내용으로 치면 카알 로스만이 옥시덴탈 호텔에서 나오기까지는 아버지나 상사의 뜻에 맞춰 살려고 아무리 노력해도 안된다는 것을 깨닫는 이야기입니다. 카알의 욕망이 그를 아버지만 보고 살지 못하게 할 뿐만 아니라, 세상 구석구석에는 오드라덱처럼 내가던 길의 방향을 틀어 버리고 세웠던 목표에 구멍을 내 버리는 존재와 사건이 넘쳐나니까요. 그러다가 카알은 서서히 깨닫습니다. 그 자신도 특정한 이름으로 불리기를 원하지 않는다는 것을요. 자신이 누군가의 조카로, 어떤 조직의 부품으로 보일까 봐 돌아다니면서 고향이며 이름이며를 바꾸는 거죠. 마침내 그는 자신의 이름을 '니그로'라고 소개하는 데까지 갑니다.

엥? 니그로라구요? 니그로는 보통명사잖아요, 고유명사가 아니라. 카알은 정체성의 상징인 이름이라는 것마저 포기하는 셈입니다. 그런데 왜 또 '니그로' 일까요? 네! 여기는 아메리카입니다(^^).『실종자』는 카프카가 출간을 계획하지 않았기 때문에 이름이 없는 작품이었습니다. 막스 브로트가 편집하면서 작품 배경이 아메리카니까 처음에는 제목을『아메리카』라고 했어요. 나중에 많은 연구자들이 카프카가 집필할 때 작품 제목을 '실종자'로 언급하고 있다는 것을 밝혀낸 후 다시『실종자』라고 불리게 된 거지요.

카프카는 작품 안에서나 밖에서 특히 구체적인 지명을 쓰는 것을 별로 안 좋아했는데요. 단편도 그렇지만『소송』이나『성』도 작품이 현실에 있을 법한 장소를 배경으로 한다고 보기는 어렵거든요. 카프카 작품의 공간이나 시간은 왜곡이 심해서 어떤 장소를 왕복한다고 해도,「시골의사」에서처럼 같은 교통수단을 이용하는데, 갈 때 걸리는 시간과 올 때 걸리는 시간이 다릅니다. 어떤 경험을 하느냐에 따라 공간의 밀도나 부피가 달라지거든요. 공간도 균질적이지가 않아서, 한없이 멀리 떨어진 것처럼 보이는 화가의 아틀리에와 법원 사무처가 뒷문 하나로 연결되어 있기도 해요. 그런 지경이니 구체적인 지명 같은 것이 나올 리가 없지요.

그런데도 불구하고 어쨌든 『실종자』의 배경은 '아메리카'로 나옵니다. 구체적인 지명으로 또 하나 거론되는 것은 '러시아'인데요. 저는 카프카가 『실종자』를 러시아를 배경으로 해서 썼을 수도 있다고 생각합니다. 카프카는 『실종자』를 쓰던 때(1911~1914)에 「칼다 기차의 추억」(1914)이라는 미완의 작품을 하나 썼는데요. 여기서는 러시아의 칼다가 배경인데 사실 칼다는 나오지 않습니다. 칼다로 가는 길목에 깔리다 만 철도 지선의 한 역사 공무원이 역에서 온갖 사냥꾼, 승객, 장사꾼들과 만나서 놀다가 점점 늑대처럼 변해 가고요, 짐승이 낼 법한 기침 소리를 내면서 앓게 되거든요. 그러다가 그가 칼다로 가야겠다고 결심하면서 돌연 중단되는 작품이에요. 대단한 여행이 예고된다는 점뿐만 아니라 주인공이 『실종자』에서처럼 정처를 둘 수 없는 욕망을 가진 사람으로 나온다는 점, 이미 짐승 같은 기침소리를 내면서 자기 변신에 들어갔다는 점 등. 아마도 이 늑대-인간은 칼다로 영원히 이르지 못하면서 도처의 여관과 사무실을 뒤지고 돌아다닐 것 같아요.

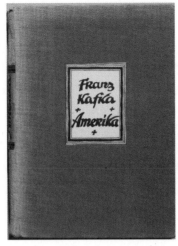

『아메리카』라는 제목으로 출간된『실종자』(*Der Verschollene*)의 표지. 카프카
는 작품에서 구체적인 지명을 언급하는 것을 좋아하지 않았지만,『실종자』의
배경으로는 '아메리카'라는 구체적인 지명이 등장한다. 이런 이유로 막스 브
로트가 처음 책을 엮으면서 '아메리카'라는 제목을 붙였으나, 이후 카프카가
언급했던 제목인『실종자』로 바뀌어 출판된다.

하지만 카프카는 아메리카를 배경으로 한 작품만을 발전시켜 나갔습니다. 왜일까요? 저는 여기서는 정말, 카프카가 '아메리카'에 반했다고밖에는 이유를 못 찾겠어요. 카프카가 쓴 여행기 중에 「인디언이 되고 싶은 마음」이라는 것이 있는데요. 달리는 말에 훌쩍 올라타 공기를 가르며 초원과 하나 되는 인디언이 나옵니다. 카프카는 어떤 한계도 없이 푸른 색깔 속으로 섞여 들어가는 자신을 상상하기를 좋아했거든요. 인간이라든가, 말이라든가, 광야라든가 하는 경계를 무너뜨리면서 달리고 또 달리는 인디언처럼 소설을 쓰고 싶었던 거예요.

아메리카는 인디언의 땅이기도 하지만 '니그로'의 땅이기도 하죠. '니그로'는 보통명사도 그냥 보통명사가 아니죠. '니그로'는 백인 중심주의가 시종일관 배척하려고 애쓴 서양문명의 타자를 상징하는 말입니다. 카알 로스만이 자신을 '니그로'라고 소개한 까닭은 분명해 보여요. '니그로'는 이 다섯의 공동체가 버리고 또 버리려 애쓴 존재라는 점에서, 끊임없이 이 폐쇄적인 세계를 불안에 떨게 하는 오드라덱의 정치적 의미를 강하게 환기시켜 줍니다. 카알은 변신한다는 것, 한계 없이 자기 사는 모습을 바꾼다는 것은 꽉 막힌 가족주의, 민족주의, 국가주의의 편협함에 압살된 존재들을 경유하는 일임을 보여 줍니다.

덧붙이자면 카프카는 혁명의 나라인 러시아에 대한 기대는 별로 없었어요. 혁명은 그 대의가 아무리 훌륭해도 인간 한 사람 한 사람의 욕망을 보고 가는 일이 아니라 '전체'의 안녕을 목표로 하는 일이고, 무엇보다 그 '전체'가 어떤 전체인지를 합의하지 않으면 진행이 안 되니까요. 그런 식으로 '전체'의 성격과 이상을 규정하게 되면 그것이 울타리가 되어 사람을 가두게 될 테죠. 게다가 아래의 인용문에 나오는 것처럼, 울타리를 유지하려면 결국 수많은 규율과 약속이 필요하기 때문에 그 모든 것을 공고히 해 줄 관료주의만 키우게 될 겁니다.

"군중의 힘을 믿지 않으시는군요?"
"나는 군중의 힘, 군중의 이 일정한 형태가 없는, 걸보기에 제어하기 어려운 힘을 알고 있어요. 이 힘은 제어되고 틀이 잡히기를 동경하죠. 모든 실제로 혁명적인 발전의 종말에는 나폴레옹 보나파르트 같은 인간이 나타나는 법이에요."

"러시아 혁명이 더 멀리 확산되리라고 생각하지 않으십니까?"

카프카는 잠시 침묵하더니 이렇게 말했다.

"홍수가 넓게 퍼지면 퍼질수록, 물은 그만큼 더 얕아지고 흐려져요. 혁명이 증발하면, 남는 것은 오직 새로운 관료주의의 진흙탕뿐이에요. 고통에 시달리는 인류의 족쇄는 관청용지에서 생기죠."(구스타브 야누흐, 『카프카와의 대화』, 편영수 옮김, 문학과지성사, 2007, 274쪽)

누가 카프카를 비정치적인 작가라고 했나요? 카프카는 특정한 가치만 신봉하는 세계가, 그 기준에 미치지 못하는 존재들, 즉 라바콜들을 어떤 식으로 혼내고 비웃고 내치는지를 누구보다 잘 알았습니다. 그렇다고 그렇게 배제된 자들의 자리를 복권하자는 것은 아니었죠. 우리가 하나의 가치, 어떤 삶의 방식을 선택할 때, 반드시 배제되는 다른 하나가 있음을 보면서 가야 한다는 겁니다. 그래서 계속 맛볼 만한 또 다른 가치는 뭐가 더 없나, 더 없나, 하면서 움직이고, 다양

❝❝

카프카의 말대로라면 그의 작품은 무수히 다른 방식으로 읽어 낼 수 있습니다. 작가가 블록 조각을 제공하기는 했지만 그 안에서 의미를 만들어 낼 사람은 독자라는 점에서, 카프카는 자기 작품의 아버지, 즉 자기 작품의 권위자이자 그 의미를 소유한 '아버지'의 지위도 내려놓은 셈입니다.

한 방식으로 그 선택과 배제의 전체 그림을 중단 없이 바꾸어 가야 한다는 거지요.

카프카는 그런 식으로 카알 로스만과 함께 삶에 어떤 고정된 척도도 용납하지 않는 자의 초상을 보여 주었습니다. 그는 어떤 권위도 자기 삶에 절대적으로 허락하지 않았기 때문에 아나키스트라고 할 수도 있겠습니다. 그런데 이거 아세요? 곤충을 좋아하는 사람들 중에 의외로 아나키스트가 많은데요. 18세기 중반까지만 해도 유럽에서 대다수의 사람들이 나비가 유충과 번데기가 변신한 것이라고는 생각을 못했다네요. 당연히 그랬을 것 같아요. 풀잎에 딱 달라붙어 나뭇잎을 갉아먹는 애벌레랑 꽃의 수액을 빨아먹기 위해 날개를 펴는 나비가 어떻게 같나요? 애벌레는 생명을 품은 육체로부터 분리된 유령, 망령, 도깨비라고 보았답니다. 보통의 곤충들은 일생 동안 여섯 번의 변신을 한다고 하니까 참 대단하죠. 곤충이 계절마다 돌입하고 또 돌입하는 변신은 한 존재 안에 몇 겹의 삶이 있음을 말해 줍니다.

카프카가 왜 개나 사자가 아니라 갑충으로의 변신에 대해 썼는지 다시 생각해 보게 되지요. 카프카는 계속해서 자기를 바꾸어 가면서 '다르게 또 다르게' 사는 방식을 실험하는 운명에 관심이 많았던 거죠. 그리고 존재가 이렇게 어떤 틀 안에 갇혀 있을 리 만무하다는 것을 깨달은 사람들은 특정한 국가 이데올로기, 민족적 가치, 아버지라고 하는 모범 같은 것을 믿고 따를 수가 없을 거예요. 그래서 그런 사람들은 아나키스트가 되지요. 카알 로스만도 카프카도 그런 아나키스트였습니다.

『성』: 영원한 독신자로

『실종자』까지만 썼으면 또 모르겠는데 카프카는 이후에 『성』도 썼습니다. 물론 그 사이에 미완의 장편 『소송』이 있기는 합니다만, 『소송』은 직접적으로 가족 문제를 다루는 것은 아니니까 오늘은 빼기로 하고요. 카프카는 『성』에서 자신의 아나키스트에게 새로운 미션을 줍니다. 『성』은 어떤 의미에서 『변신』의 업그레이드 버전이라고도 할 수 있습니다. 아버지의 집에서 갑충으로 산다는 것의 스케일을 키워 본 거죠. 백작의 마을에서 이방인으로 산다는 것으로 말이에요.

　주인공은 K라고 합니다. 아예 이름이 대명사로 나옵니다. 어떤 관계 속에서도 자유자재로 헤엄칠 수 있다, 그거죠. 자신의 개성이나 특징 같은 것은 아예 없고, 대신에 자신이 머무는 장소에서 구체적으로 지시되기도 거부하면서, K는 마을 사람들 모두가 상식으로 생각하는 것들과 불화합니다. '여기서는 부르기 전에는 나가지 않고, 시키기 전에는 일하지 않고, 남들 다 하는 것만 하고 살며 집과 직장 외에는 고개 돌리지 않는다!' 이런 상식은 K 앞에만 가면 무용지물이 됩니다. 그에게는 '백작님이 뭐라뭐라 하셨어!'라는 말이나 '음, 눈이 쌓였군'이라는 말이 아무런 차이가 없었기 때문입니다. 백작님이 말하셔서 중요한 내용이 되고, 다 아는 이야기라서 믿을 만하다? K에게는 그런 상식이 통하지 않습니다. K는 마을 사람들이 '여기서 전화 받아라', '저기서 기다려라' 하는 동네 상식을 아무리 이야기해 주어도 뚱한 표정을 짓고서는 흘려듣습니다. '내가 왜 그 말을 따라야 하죠? 지금 하고 싶은 다른 일도 많은데요?'라는 식으로요.

　K는 오드라덱입니다. 목적 없는 존재, 살아가야

프라하의 풍경. 제일 높은 곳에 프라하 성이 보인다. 카프카는 자신의 작품 『성』(Das Schloss)에 등장하는 K처럼 프라하에서, 그리고 아버지의 집에서 떠나지도 않고 맞서 싸우지도 않으면서 낯선 자로 계속 떠돈다.

할 이유를 따로 안 만드는 존재. 덕분에 백작님의 명령이 없이는 아무것도 못하는 마을 사람들, 즉 백작의 아들들은 속상해서 죽습니다. '아니 도대체 쟨 뭐야?' 하면서 그레고르의 아버지처럼 속을 태우고 괴로워하지요. 뭐 살다 보면 별 희한한 사람도 다 만나는 거니까, 하고 여유 있게 생각들을 못하고 '백작님 아시면 큰일 날 텐데, 어째, 어째' 하면서 발 동동 구르다가 그 사람들은 지쳐 갑니다. K는 이 마을을 나갈 생각이 없죠. 왜냐하면 백작님이 있든지 말든지, 자신이 아직 이 마을 안에서 돌아다녀 볼 길, 해 볼 일은 너무나 많이 남았거든요. 이장님이랑 낡은 서류철도 뒤져야 하고, 교실에서 신혼집도 차려 봐야 하고, 여관 복도에서 잠이 덜 깬 공무원이랑 수다도 좀 떨어야죠. K는 어떤 장소에도 하루 이상 머무는 법이 없고, 어떤 사람과도 두 번 이상 같은 이야기를 나누지 않습니다. 그는 계속 자기가 했던 말, 들었던 것으로부터 멀어지고 있습니다. 그렇게 백작님은 절대로 알 수 없는 길들을 내고 있었던 거죠. 그리고 바로 그런 K 때문에 평온하고 한없이 조용했던 마을은 점점 시끄러워지고 여기저기 고장이 나게 됩니다. 우리, K의 운명과 그의

'어마무시'한 능력을 한번 음미해 보죠.

그렇다, K와 같은 인간이 분명 있는 것이다. 그런 자는 법이든 아주 평범하고 인간적인 고려든 모든 것을 무관심하고 졸린 상태에서 무시해 버리며, 서류 배달을 거의 불가능하게 만들고 집의 명예를 손상시켜 여태껏 한 번도 일어난 적이 없는 일을 일으키고도 아무렇지 않게 여긴다. 절망적인 상태에 빠진 나리들이 직접 저항하기 시작해, 보통 사람들 같으면 상상도 못 할 자제력을 보이며 다른 방법으로는 요지부동인 K를 몰아내기 위해서 벨에 손을 뻗어 도움을 청한 것이다! 그들이, 나리들이 도움을 청하다니!(『성』, 홍성광 옮김, 펭귄, 2008, 409쪽)

어떠세요? 갑충-그레고르의 상태를 보여 주는 것도 같지요? 그레고르의 변신 직후에 득달같이 달려들던 아버지와 회사 상사를 떠올려 보세요. 『성』에서도 마찬가지죠. 보통 사람들이 갑자기 상상도 못할 괴력을 발휘해서 K를 겁주고 몰아내려고 달려들지만, 결국 그들은 자신이 무엇을 당연하게 여기고 살아왔는

가를 발견할 뿐입니다.

물론, '아니, 그러면 어떻게 살아?' 하는 생각도 듭니다. 카프카는 이렇게 대답하지 않을까요? '어떻게 살기는, 그렇게 매 순간 조금이라도 다르게 느끼며 사는 거지!' K를 보고 있으면 어제와 다른 나가 된다는 것이 그리 거창하지 않다는 것을 알게 됩니다. '나는 어떤 인간이야'라는 규정만 내려놓아도, 다른 것들이 보일 테니까요. 저희 아이가 아주 어렸을 때 꿈이 '새'라고 대답한 적이 있어요. 깜짝 놀랐는데요. 맞습니다. 자연이 허락한 한 생명을 받아 여기 태어났는데 인간으로서밖에 못 산다고 하면 아쉽지요. 태어났으니 한번 날아 봐야지! 정말 멋진 생각입니다. 그런데 인간이 새가 되는 것에 만족할 수는 없지요. 카프카에 따르면 새에서 개구리로, 다시 두더지로, 개로, 끊임없이 자신이 세상을 대하는 방법을 바꾸지 않는다면, 한번 새가 된 그 인간은 다시 허공에 갇히고 말 겁니다.

자, 다시 가족입니다. 카프카는 계속해서 자신의 삶을 바꾸려고 노력하는 자를 '독신자'라고 명명합

❝

K는 어떤 장소에도 하루 이상 머무는 법이 없고, 어떤 사람과도 두 번 이상 같은 이야기를 나누지 않습니다. 그는 계속 자기가 했던 말, 들었던 것으로부터 멀어지고 있습니다. 그렇게 백작님은 절대로 알 수 없는 길들을 내고 있었던 거죠. 그리고 바로 그런 K 때문에 평온하고 한없이 조용했던 마을은 점점 시끄러워지고 여기저기 고장이 나게 됩니다.

니다. 아무리 크게 보아도, 자기 삶에 테두리를 그으려고 하는 모든 태도는 자기 아버지 말만 철썩같이 믿으며 아옹다옹하는 가족주의에 지나지 않는다는 거지요. 어떤 종교, 어떤 국가도 자신이 추구하는 믿음을 절대시하는 순간 그저 평범한 가족이 될 뿐이라는 겁니다. 그래서 어떤 가족에도 귀속되기를 포기하는 자야말로 자기 소설의 주인공이 될 법하다며 그들을 '독신자'라고 했어요. 구체적으로는 「독신자의 불행」, 「나이 든 독신주의자, 블룸펠트」라는 단편에서 그 점을 설명하지만 사실 그의 모든 주인공들이 자기 울타리를 벗어나려는, 자기 울타리 안의 풍경을 바꾸려는 시도를 멈추지 않는다는 점에서 다 독신자라고 할 수 있습니다.

세 번이나 약혼한 그 자신을 빗대기라도 하듯, 그의 독신자들은 반혼인적이고 반가족적입니다. 하지만 반사회적이지는 않죠. 그레고르는 아버지를 곤충의 눈으로 보기를 원했을 뿐입니다. 남편과 아내, 부모와 자식이 서로를 그 역할로 바라보지 않고, 다양한 욕망을 지닌 존재로 바라보게 되면 어떻게 될까요? 아버지의 말이니까, 사회가 이런 것을 원하니까, 나라에서 이러라고 시키니까 등, 어떤 상식을 서로에게 강요하기란 어렵겠지요. 카프카는 어떤 규율이나 명분도 한 존재를 구속하기에는 그 힘이 턱없이 작다고 보았습니다. 그랬기에 그레고르가 순식간에 갑충이 될 수 있었지요.

그레고르가 꿈꾼 것은 더 다양한 사회적 관계였습니다. 그가 갑충이 되면서부터 그 집 울타리가 점점 뭉개지더니 결국 안방이 하숙인들 차지가 되잖아요. 물론 즉자적으로 보면 누가 집으로 돈을 벌어 오지 않으니까 집 자체를 돈 버는 수단으로 삼을 수밖에 없었다고 할 수도 있지요. 그렇지만 어쨌든 그 견고한 울타리는 낯선 외부인들의 발에 의해 낮아지고 달라집니다. 가족 안에서 갑충으로 살기란 가장 익숙한 상식마저도 의심할 줄 아는 능력이 있어야 가능합니다. 눈길이 머무는 모든 곳에서 고향의 흔적 대신에 갑충과 두더지의 흔적을 발견할 수 있어야 합니다. 그러기 위해 우리 스스로를 누군가의 엄마로서만, 자식으로서만 생각하기를 이제 멈추어야겠습니다.

마지막으로 카프카가 얼마나 낯설게 자신의 집을 바라보았는지를 한번 읽어 보겠습니다. 이 소설 속 화

자는 자신의 피부마저 낯설게 느낍니다. 그럴 정도이
니 혈육이나 추억인들 그에게 익숙하겠습니까? '자,
어서 와, 갑충의 집은 처음이지?'(⌒⌒)

내가 집으로 돌아왔다. 벌판을 가로질러 와 주위
를 둘러본다. 내 아버지의 해묵은 뜨락이다. 한가운
데 작은 웅덩이. 쓸모없는 낡은 기구 등이 잡동사니
로 나뒹굴어 다락방 올라가는 계단으로 난 길을 바
꾸어 놓고 있다. 고양이가 난간 위에 도사리고 있다.
언제던가 노느라고 막대기에 매어 놓은 찢어진 수
건 하나가 바람결에 펄럭이고 있다. 내가 돌아왔다.
누가 나를 맞아줄 것인가? 누가 부엌문 뒤에서 기다
리는가? 굴뚝에서 연기가 나오고, 저녁 식사 때 마
실 커피가 끓고 있다. 그대는 아늑한가, 집에 있는 양
느껴지는가? 모르겠다. 아주 애매하다. 내 아버지의
집이기는 하지만 물건 하나하나가 그 나름의 용무
에 골몰하고 있기라도 하듯 냉랭하게 서 있다. 그들
의 용무를 나는 더러는 잊었고 더러는 알았던 적이
없다. 내가 그것들에게 무슨 소용이 닿겠는가. 내가
그것들에게 무엇이겠는가. 내 비록 아버지의, 늙은

농부의 아들이라 해도 말이다. 나는 부엌문을 두드리릴 엄두도 못 내고 그저 멀리서 귀 기울이고 있다, 그저 멀리서 선 채로 귀 기울이고 있다.(「귀가」, 『변신·시골의사』, 전영애 옮김, 민음사, 1998, 181~182쪽)